国鉄時代の貨物列車を知ろう

昭和40年代の貨物輸送

栗原 景

実業之日本社

はじめに

早いもので、国鉄が分割民営化されて今年（２０２３年）で36年が経過しました。あと2年すると、「日本国有鉄道」（１９４９〜１９８７年）38年の歴史を、ＪＲグループ（１９８７〜）が追い越してしまいます。

鉄道を取り巻く環境も、国鉄時代とは大きく変わりました。国鉄末期には全廃論まで出た鉄道貨物は、全国の操車場を廃止して明治以来の「集結輸送方式」をコンテナ輸送中心の仕組みに切り替えるという荒療治を経て、今では環境に優しく少ないマンパワーで大量・高速に輸送できる輸送手段として見直されています。

一方で、国鉄時代が遠くなるにつれて、「どうして国鉄はダメになってしまったのか」「全国の駅に貨物を送ることができた集結輸送を全廃したのは間違いだったのではないか」「本当は国鉄のままでもよかったのに、政治の道具にされて解体されてしまったのではないか」といった声を聞くようになりました。

そこで本書では、国鉄の輸送量がピークにあった１９６０年代後半の国鉄貨物輸送の仕組みの概要を、「集結輸送方式」「コンテナ輸送」「小口輸送」「物資別適合輸送」の四つを柱として、できるだけ分かりやすい言葉で紹介しています。さらに、それぞれの貨物輸送が国鉄末期にかけてどのように変化していったのか、なぜ衰退してしまったのかを、中立的な立場から解説しました。

また、国鉄貨物輸送とは似て非なる存在だった、国鉄荷物輸送・郵便輸送についても、そのシステムの基本を紹介しています。

本書を読めば、国鉄貨物輸送の基本的な仕組みとその限界を知ることができるでしょう。

なお、国鉄貨物輸送は極めて複雑・多岐にわたるため、臨海鉄道や特大貨物輸送など一部の輸送形式については割愛、または大幅に省略しました。

本書が、戦後日本の一時代を築いた日本国有鉄道を知る一助になれば幸いです。

２０２３年６月１日

栗原　景

目次

表紙写真（下２点）・本体表紙写真…物流博物館蔵

第1章　現代の鉄道貨物と国鉄貨物はここが違う

（表①）輸送機関別輸送量（2019年度）				
	鉄道	自動車	内航（船舶）	航空
輸送トン数（千トン）	42,660	4,329,132	341,450	875
輸送トンキロ（百万トンキロ）	19,993	213,836	169,680	931

シェアは低いが中・長距離の大量高速輸送に強い　現代の鉄道貨物輸送

貨物輸送は、旅客輸送と並ぶ、鉄道の大きな使命の一つだ。かつて国鉄貨物輸送は、国内貨物輸送の50％以上を占め、日本の物流を支えていた。１９８７（昭和62）年に国鉄が分割民営化されて以来、鉄道貨物輸送は一部の私鉄を除いてＪＲ貨物が担っている。だが、その姿は国鉄時代とは大きく変わった。国鉄時代の鉄道貨物を知るには、まずは現在の鉄道貨物状況を知っておこう。

国を生物に例えると、貨物輸送は酸素と栄養を全身に運ぶ血液に例えられる。全身（全国）の必要な場所に血液（貨物）がスムーズに行き渡って、初めて国は元気に活動できる。

令和のいま、国内の貨物輸送に占める鉄道の割合はとても低い。

EH500形が牽引するコンテナ列車。中・長距離輸送のモードとして欠かせない存在となっている。

２０１９（令和元）年度の統計（表①）を見ると、自動車が年間約43億トンの貨物を輸送していたのに対し、鉄道は年間約４２６６万トンしか輸送していない。トラックの、実に１０１分の１である。

　では、鉄道貨物は風前の灯火なのかといえば、そんなことはない。鉄道には、自動車や海運にはない長所がある。もう一度、輸送量のデータを見てみよう。運んだ貨物の量を表す輸送トン数では、鉄道は自動車の１０１分の１だが、「運んだ貨物の量×運んだ距離」で表す輸送トンキロでは、自動車の２１３８億３６００万トンキロに対し、鉄道は１９９億９３００万トンキロ。やはり大きな差はあるが、鉄道は自動車の11分の１程度となる。

　運んだ量は１０１分の１だが、運んだ距

離を加味すると11分の１になる。これは、鉄道は貨物一つあたりの輸送距離が自動車よりも長いということだ。鉄道は、輸送距離が５００㎞を超えるあたりから、自動車よりもスピード・コストとも有利になる。

　自動車輸送の利点は、その柔軟性だ。道路さえあれば、好きな時にどこへでも行けるし、トラックと運転手さえあれば運べるので、低コストでの運搬が可能だ。ただ、一人の運転手が１台のトラックで運べる貨物は10トン程度。さまざまな車が雑多に走っている一般道路を走り、渋滞もあれば、時に交通事故のリスクもある。長距離を走れば、運転手は生活基盤のある元の場所に戻ってこなくてはならない。自動車は運ぶものが増えるほど、そして長距離を走るほど、コストが高くなる。

　長距離を輸送するなら、船舶も便利だ。船は大きなものを安く、大量に運べる。だが、内陸の都市への輸送には適さず、積み卸し作業は大型船になるほど時間がかかる。天候の影響を受けやすく、特に冬場は欠航となる場合も多い。

　航空機は、１０００㎞を超えるような長距離を圧倒的なスピードで運べるが、世界最大の実用的な貨物機であるボーイング７４７―８Ｆでも一度に運べる貨物は１４０トン、大きさも制限されるため小口貨物にしか向かない。

　それに対して鉄道は、コンテナ列車の場合１本の列車で最大10トントラック65台分、６５０トンもの貨物を運べる。東京～大阪間なら３人の運転士（機関士）が２～３時間ごとにリレー方式で交代して乗務する。同じ量の貨物を同じ距離だけ10トントラックで運ぼうとすれば、少なくとも65人の運転手が必要で身体や生活への負担も大きい。航空機の場合でも、単純計算で大型機が5〜7機は必要だ。さらに、鉄道は排出される二酸化炭素もトラックの10分の1程度と、主要な交通機関の中で最も環境に優しい。決められた線路の上をダイヤに沿って運行されるので渋滞の恐れはないし、貨物列車は原則として毎日運行されるので、一定のペースで継続的に輸送し続けられる。悪天候や事故などによって運休となるリスクも他の交通機関に比べて相当低い。

鉄道には弱点もある。それは、決められたレールの上しか走れないことだ。貨物を送る人（発荷主）や受け取る人（着荷主）のところまでレールが敷かれていることは稀だから、集荷・配達時には自動車など他の輸送機関と連携しなくてはならない。いかにスピードアップしても、必ず貨物の中継が二度は必要になるので、短距離の輸送では自動車輸送に比べて効率が悪い。ダイヤが明確に決められているのも、列車がレールの上しか走れず、勝手に走っていては事故を起こすからだ。ダイヤは勝手に変えられないので、「出発をあと10分待つ」「急に依頼された貨物を今すぐ送る」といったことができない。

多数の貨車を連ねた貨物列車から特定の貨車を抽出しようとしたり、並び順を変えたりするのも大変だ。「この車両を隣の線路に転線させて、次に……」と、パズルのように車両を右へ左へ移動させる必要があり時間がかかる。輸送障害のリスクは他の輸送機関より少ないが、ひとたび事故や災害で不通になれば、迂回ルートが限られ、時に長期間輸送不能となってしまう。

そうしたデメリットはあるものの、中・長距離を、定期的かつ大量に、環境に負荷をかけることなく高速に輸送する手段として、鉄道は極めて優れている。

現在の主流はコンテナ輸送

現代の鉄道貨物輸送の主流はコンテナ輸送だ。コンテナ輸送とは、さまざまなものを積載できる、規格化された箱（コンテナ）を使って貨物を運ぶシステムだ。コンテナはさまざまなものを搭載でき、フォークリフトなどを使って貨車にもトラックにもそのまま積載できるので、鉄道と自動車が連携して輸送を行える。都市間はコンテナ列車で高速かつ安全に運び、集貨と配達はどこへでも行けるトラックが担当する。鉄道と自動車それぞれの得意分野を活かした輸送方式だ。鉄道は二酸化炭素排出量が少ないので環境にも優しい。

一つ一つのコンテナの位置と動きは、ＩＴ技術と鉄道の運行管理システムによって「どの列車の、何両目のどの位置にあるか」まで把握され、リードタイム（集貨から配達までの所要時間）が最適化されている。

コンテナ輸送と並ぶ、鉄道貨物輸送の柱が「車《しゃ》扱《あつかい》輸送」だ。コンテナではなく、貨車1両単位で輸送する形態で、国鉄時代はこちらが主流だった。現在はタンク貨車を使用した石油輸送列車が大部分を占めている。現代社会の活動を支える石油は危険物であり、トラックでの長距離輸送には危険が伴う。このため、沿岸地域の製油所から長野県や群馬県といった内陸の都市への輸送は、現在も鉄道が大きなシェアを占めている。

石油以外の車扱輸送は、ごく一部に石灰、フライアッシュ（石炭を燃焼すると生じる灰）などの輸送があるだけだ。一般的な貨物の車扱輸送は、原則としてコンテナ輸送に移行してほぼ消滅した。

あらゆるものを運んだ国鉄貨物輸送

かつて、日本の物流を支えていた国鉄貨物輸送。1950年代には、国内の貨物輸送において50％を超えるシェアを誇り、輸送量がピークとなった1970（昭和45）年度には、国鉄が輸送した貨物の総量は実に1億9850万トン、総量×距離で表すトンキロは624億3531万トンに達していた（表②）。

国鉄は正式名称を「日本国有鉄道」といい、政府が100％出資する特殊法人だ。戦前

（表②）国鉄時代の鉄道貨物輸送統計

		1960年度	1970年度	1983年度
輸送量（単位：トン）	コンテナ・小口扱	3,058,921	8,965,134	9,723,890
	うちコンテナ	284,000	8,715,000	9,723,890
	車扱	192,235,627	189,538,057	76,367,147
	合計	195,294,548	198,503,191	86,091,037
輸送トンキロ（単位：千トン）	コンテナ・小口扱	1,143,582	6,348,002	8,423,046
	車扱	52,448,633	56,087,315	18,662,615
	合計	53,592,215	62,435,317	27,085,661

主な品目（単位：千トン）			
石油	4,483	15,139	13,145
石灰石	9,700	13,311	8,468
セメント	11,451	16,394	11,050
石炭	40,633	18,698	4,847
化学肥料	6,833	8,533	2,666
化学薬品	（統計なし）	5,748	2,915
紙・パルプ	3,936	6,762	3,153
米	3,921	4,961	2,036
麦・小麦粉	2,481	2,318	850
飼料	2,074	4,936	1,114
鉄鋼製品	6,029	5,367	1,186
ビール・酒類	600	1,822	993
木材	11,162	7,717	734
自動車	（統計なし）	2,050	433
砂利・砂	4,270	2,765	200
みかん・りんご	1,180	1,055	101
鮮魚・冷凍魚	2,548	1,643	97

は、政府の鉄道省が運営する「国営鉄道」だったが、戦後の１９４９（昭和24）年6月１日、ＧＨＱからの勧告により独立採算制の公共企業体として分離された。経営は国とは別だが、国が１００％出資する鉄道だから「国有鉄道」と呼ばれた。

国鉄は、国民に近代的な輸送サービスを提供し公共の利益を図る法人だった。利益を追求することが第一の目的ではなく、行政サービスの延長に近い形だった。国の信用力を背景に民間企業よりも有利な立場にあったが、業務範囲は民間を圧迫しないよう日本国有鉄道法によって鉄道業とその関連事業に制限されていた。独立採算制とはいえ、運賃や予算も法律で定められ、自分たちで決めることはできなかった。

国鉄は、さまざまな物品を輸送していたが、その輸送方式は主に「車扱輸送」「コンテナ輸送」「小口輸送」の三種類に分かれていた。現代と異なるのは、「車扱輸送」が圧倒的に主流だったということだ。現在の車扱輸送は石油輸送が大部分を占めるが、国鉄時代は石炭や石灰石などの天然資源から、穀物、食品、紙・パルプ、自動車、化学薬品、農作物、家畜、布製品など、およそ鉄道で運べるサイズの、あらゆるものを輸送した。

中でも輸送量が多かったのが、石炭・石油・石灰石・セメントの4品目だ。その頭文字から「４セ」とも呼ばれた。石炭と石油は、国の社会活動を支えるエネルギー源であり、石灰石とセメントは、道路や高層ビル、ダムなどのインフラ整備に欠かせない素材。いずれも日本の高度経済成長を支えた物資だった。

「４セ」のうち、１９７０（昭和45）年まで年間輸送量が最も多かったのが石炭だ。石炭を産出する炭鉱は北海道石狩地区、福島県常磐地区、山口県西部、北九州に集中しており、産出地から港までの輸送はほとんどが鉄道に頼っていた。石炭は毎日一定のペースで大量に産出され、同じルートで繰り返し輸送される。これを大量定型輸送といい、専用のレールを敷く鉄道にとって最も適した輸送形態だった。

　国内の石炭生産の６割を占めていたのが九州だ。中でも福岡県の筑豊炭田は直方《のおがた》を中心に無数の炭鉱があり、筑豊本線や後藤寺線、伊田線（現・平成筑豊鉄道伊田線）などは各駅から炭鉱の貯炭場へ専用線が分岐していた。貯炭場で石炭を満載した石炭車は、９６００形蒸気機関車などに牽引されて直方駅の操車場に集められた。１日３０００両を処理できる広大な仕訳線で若松行き、戸畑行き、門司港行きに分けられると、D51形などの大型貨物機関車に牽かれて10分前後の間隔で次々と発車していった。

　１９６０年代に輸送量が激増したのが石油だ。１９５０年代まで、現在のような石油輸送列車はほとんどなく、一般の貨物列車にタンク車を連結して各地の専用線へ少しずつ運ぶ、非効率的な輸送が行われていた。石油が石炭に代わってエネルギーの中心になると、各地に石油中継基地を整備して、タンク車だけを連結した石油輸送列車で一括・大量輸送をするようになる（１２７ページ）。内陸都市への石油輸送には鉄道が重要な役割を果たし、国鉄による石油輸送は１９６０（昭和35）年度の年間約４４８万トンから１９７０年度には同約１５１４万トンと、10年で3倍以上に増えた。

セメントの原料であり、鉄鋼や肥料の生産にも使われる石灰石は、国内で自給が可能な鉱石だ。高度経済成長による開発ラッシュによってセメントや鉄鋼の需要が伸びると石灰石の採掘量も増加。１９７３（昭和48）年度にはピークとなる年間約１８７６万トンが輸送された。石炭と同様、典型的な大量定型輸送型の貨物であり、氷川（青梅線、現・奥多摩駅）〜浜川崎間（南武線）や美祢（美祢線）〜宇部港（廃止：宇部線）間などで、専用貨車による専用列車が多数運行されていた。

セメントは、石灰石の採掘地周辺の工場で生産され、消費地へ運ばれる。この輸送にも、長年鉄道が大きな役割を果たしてきた。もっとも、鉄道で輸送されるセメントは公共事業に使用されることが多く、当時は需要が年度後半に集中した。そのため年度末にはセメントを運ぶ貨車が不足したうえ、輸送先も各地の小規模なセメントサイロに分散し効率が悪かった。そこで、１９６０年代後半から貨物駅に大規模なセメント中継基地を設けて輸送を集約する物資別適合輸送（１３３ページ）が実施された。

旅客列車に特急、急行、普通があるように、貨物列車にも列車種別があった。ここでは、国鉄の貨物取扱量がピークにあった１９７０年10月改正時点の、代表的な貨物列車種別を紹介しよう。

特別急行貨物列車
時速１００km運転を実現した花形列車

大都市間を直結する高速貨物列車として、１９６６（昭和41）年10月に登場した種別だ。ワキ１００００形有蓋車、レサ１００００形冷蔵車、コキ１００００形コンテナ車など、時速１００km運転に対応した高速貨車を使用し、１９６８年10月改正までは「高速特別急行貨物列車」と呼ばれた。当時としては最先端の性能を備え、最優先で運行されたことから人気を集め、１９７０年10月改正の時点では19本が設定されていた。中でも、特にスター的存在だった列車が「とびうお」と「ぎんりん」、そして「フレートライナー」だ。

「とびうお」（長崎・幡生《はたぶ》（操）～東京市場）と「ぎんりん」（長崎・幡生（操）～大阪市場）は、１９６６年10月改正で登場した鮮魚特急列車だ（１５２ページ）。ドライアイスで低温状態を保つ冷蔵車レサ１００００形に下関と九州で水揚げされた鮮魚を満載し、東京や大阪に直送した。特に「とびうお」は、それまで31時間以上かかっていた下関～東京間を13時間も短縮して、18時間台を実現。朝、下関や長崎で水揚げされた鮮魚は２日後の未明には東京市場、つまり築地市場のセリにかけられるようになった。

「フレートライナー」は、１９６９（昭和44）年４月25日から運行を開始した拠点間直行コンテナ輸送システム専用列車だ（79ページ）。さまざまなものを積載できるコンテナ専用の列車で、発着駅ではフォークリフトを使ってトラックにコンテナごと積み替えて集配を行う。時速１００km運転対応のコキ１０００形を使用する「フレートライナー」は特別急行貨物列車に分類され、汐留・品川・隅田川〜梅田間のほか汐留〜博多港間、安治川口〜博多港間など10本が設定されていた。

この他、梅田〜熊本間の「西たから」、熊本〜梅田間の「しらぬい」、下関〜汐留間の「山陽たから」といった、コンテナと小口混載貨物（１０６ページ）を輸送する列車や、青函連絡船を介して隅田川〜新札幌間を結ぶコンテナ特急「ほっかい」などがあった。

急行貨物列車
国鉄貨物の主力列車として全国を網羅

最高時速85kmの貨物列車で、全国に80本設定された。このうち12本は「フレートライナー」で、時速85km運転対応のコキ５５００形を使用する列車が急行貨物列車に分類された。また、隅田川〜岡山（操）間で運行された「山陽ライナー」は、福山通運をはじめとする路線トラック業者の私有コンテナを主体とした列車で、国鉄の責任で集荷・配送を行う従来のコンテナ列車とは異なる新しい輸送形式として注目された。北海道各地からのコンテナと、山田線宮古港など三陸地方からの鮮魚を東京市場駅（築地市場）に輸送する、「第２北たから」（新札幌〜東京市場間）も急行貨物列車で、宮古港から朝９時台に発送された鮮魚はその日の晩には築地市場に直送された。

　急行貨物列車のうち、最大の本数を誇った列車が自動車輸送専用列車の「アロー」だ。岡多線（現・愛知環状鉄道）北野桝塚駅に１万台の自動車を駐車できるモータープールを開設し、北野桝塚〜百済《くだら》・塩浜操・大宮操・志免《しめ》間や笠寺〜塩浜操・吹田（操）※・岡山・志免間など、28本が運行されていた。

※（操）…貨車を行先別に仕訳する操車場（35ページ参照）。「大宮操」のように正式名称に「操」がつく場合もある。カッコつきは旅客駅等の構内にあり、区別するための表記。

地域間急行貨物列車
スピードアップと到着日時の明確化を目指す

　１９６８（昭和43）年10月１日のヨン・サン・トオ改正で本格的な運行が始まった列車が、地域間急行貨物列車、通称「地急《ちきゅう》」だ（56ページ）。全国の主要貨物駅を結ぶ最高時速75㎞の列車で、広い意味では接続する貨物列車を含め、発送駅から到着駅までを事前に予約して利用する、「全車指定席」の貨物列車ネットワークを指す。当時主流だった集結輸送方式（28ページ）による一般的な車扱貨物輸送が抱えていた、「操車場で行先方面別に仕訳して、同じ方向の貨車が所定の数だけ集まり次第発車」という遅い上にいつ届くかわからないというシステムの欠点を改善するために誕生した。全国１６８本でスタートした地急は、１９７０年10月改正では１７８本に増発。このうち１０５本はコンピュータによる事前予約が可能で、さらに81本は、貨物を待っている着荷主に「何日の何時頃配達予定」という到着予報を実施していた。

専用貨物列車
長年日本の産業を支えてきた輸送力

石炭や石油、石灰石、化学肥料といった、特定の貨物を専門に輸送する列車のことで、例えば筑豊炭田の炭鉱から若松港へ石炭を輸送する列車や、根岸線根岸駅から宇都宮貨物ターミナル駅へ石油を輸送する列車などがこれにあたる。１日の設定本数は５４７本で最高時速は75㎞。石炭貨車など2段リンク式ばね吊り装置を備えていない旧式の貨車は65㎞

だ。

専用貨物列車が輸送する物資は、昭和30年代までは石炭や砂利、鉱石、木材などが主力だったが、産業構造が変わってこれらの輸送は減少し、代わって石油や石灰石、セメント、化学肥料などが増えていた。このほか大豆や小麦、とうもろこし、こうりゃんといった粉や粒状の農作物を専用貨車のホキ２２００形で輸送する列車もあった。

輸送力列車・解結貨物列車
あらゆるものを運んだ貨物の普通列車

主要操車場間を結ぶ一般的な貨物列車で、全国に４８１８本が設定されていた。輸送力列車は、操車場がある主要貨物駅に停車し、主に到着駅よりも先の駅を目的地とする貨車を集めて輸送する列車だ。解結貨物列車は、各駅に停車して貨車の連結・解放を繰り返す列車。ある貨車を目的地まで運ぶ時は、解結貨物列車に連結して近くの操車場まで運び、輸送力列車（または急行・特急貨物列車）で目的地近くの操車場まで輸送。そこでまた解結貨物列車につなぎ換えて目的地の駅まで運んでいた。輸送力列車も解結貨物列車も、どの貨車を何両、どこまで連結するかは発車直前にならないとわからなかった。

なお、貨物列車は、物流構造の変化と車両の進化に対応するため、頻繁に名称の変更や種別の再編成が行われた。国鉄末期の、１９８２（昭和57）年11月改正時の貨物列車種別は次の通り。

・高速貨物列車

特別急行貨物列車に相当する列車で、最高時速１０５㎞の列車を「高速貨物列車Ａ」、最高時速95㎞の列車を「高速貨物列車Ｂ」と呼んだ。「フレートライナー」や「とびうお」といった愛称は廃止されていた。

・直行貨物列車

急行貨物列車に相当する、最高時速85㎞の列車で、コンテナ列車や鮮魚列車、小口混載貨物（１０６ページ）、自動車輸送列車などさまざまな種類があった。

・快速貨物列車

地域間急行列車を再編・統合した最高時速75㎞の列車。全国６０５の「快速貨車取扱駅」相互間を発着し、コンピュータで輸送の予約ができる「快速貨車」（地域間急行貨物列車に相当）と、一般的な貨車の両方を連結していた。

・専用貨物列車

石油、石炭、石灰石、木材など特定の物資を輸送する専用列車。

・普通貨物列車／解結貨物列車

最高時速75㎞（一部65㎞以下）で運行される貨物列車で、解結貨物列車は中間駅で解放・連結する貨車を含む列車のこと。

国鉄貨物輸送は、極めて広範囲にわたっていた。次の章からは、「集結輸送方式」「コンテナ輸送」「小口輸送」の三つを柱として、基本的な運賃体系を含め、１９６０年代後半の国鉄貨物輸送の仕組みについて紹介したい。

都心部を行く石油輸送列車。石油輸送は国鉄・JR時代を通じて重要な鉄道貨物の役割だ。

第2章　国鉄貨物輸送の大黒柱だった貨車集結輸送方式と操車場

貨車を「乗り換えさせて」目的地まで運ぶ

令和のいま、鉄道貨物輸送の主流はコンテナによる拠点間直行方式だが、国鉄時代の貨物輸送は、貨車集結輸送方式（ヤード系輸送、以下集結輸送方式）と呼ばれる輸送方法が主流だった。

集結輸送方式とは、貨車1両1両が操車場（ヤード）と呼ばれる施設を経由して、行先方面別に「仕《し》訳《わけ》」を繰り返しながら輸送する方式だ。簡単にいえば、列車単位ではなく、貨車単位で起点と終点が決まっていて、各地の操車場で行先の方向が同じ貨車同士を集めて貨物列車として仕立てるというもの。旅客輸送に例えるなら、乗客（貨車）が大きな駅（操車場）で何度も列車を乗り換えて（仕訳されて）目的地を目指すことに似ている。しかし、貨車は乗客のように自らの意志で乗り換えることができない。そこで、操車場は到着した貨車を行先方面別に分類・整理して、膨大な数の貨車を目的地に向かって「乗り換

貨物駅の空撮。昭和35年頃（物流博物館蔵）

えさせる」役割を担っていた。

　A駅からB駅へ、貨車1両ぶんの貨物を運ぶケースを例に、集結輸送方式の一例を紹介しよう。まず、貨物を発送する荷主（発荷主）がA駅に貨物を持ち込んで、国鉄に輸送を申し込む。実際には、発荷主が依頼する先は日本通運のような通運事業者（164ページ）だ。通運事業者は、発荷主のもとに出向いて貨物を集貨（集荷）し、国鉄への輸送申し込みも代行して行う。

　申し込みを受けた国鉄A駅の貨物掛《がかり》は、所属する鉄道管理局（現在の支社に相当）の配車指令室に連絡し、貨車を手配する。通常、貨車は電車などと違って全国の貨車がごちゃ混ぜに使用されていたが、配車指令室は管内のどこにどの貨車が何両あるかを把握していた。たまたまA駅に空いている貨車があればすぐに積み込めるが、なければ配車指令室が貨車を手配し、解結列車（後述）に連結してA駅に送り届ける。だから、輸送を申し込んでも即日発送できるとは限らない。１９６０年代までは、貨車の配車まで2〜3日は要するのが当たり前だった。

貨車がA駅に到着すると（配給という）、発荷主（通運事業者が代行）が貨車に貨物を積み込む。国鉄は輸送のみに責任をもち、貨車への積卸作業は荷主（通運事業者）の責任で行われる。貨物が適正に積み込まれたことを貨物掛が確認すると、目的地駅名（この場合はB駅）などを記入した車票を貨車に挿入し、貨車を封印する。原則として、輸送中に国鉄が貨車の扉を開けることはない。

発送準備が整った貨車は、A駅を通る解結列車に連結されて発送される。解結列車は、管内の貨物取扱駅を巡回する各駅停車の貨物列車だ。駅に停車するたびにその駅着の貨車や配給貨車を切り離し、発送する貨車を連結していくので、とても時間がかかる。

各駅で貨車を連結した解結列車は、管内の地区操車場に向かう。操車場に到着すると、各貨車は車票を確認のうえ1両ずつ切り離され、「仕訳線」と呼ばれる扇状の線路を通って、行先方面別に整理・分類される。同じ行先方面の貨車が所定の数だけ集まると機関車を連結。ダイヤに設定された列車となって出発する。行先は、比較的短距離の輸送であれば目的地駅最寄りの操車場となるが、長距離輸送の場合は、基幹操車場と呼ばれる大規模な操車場で中継される。中継地の操車場でも、また行先方面別に仕訳が行われる。

D52形蒸気機関車に牽引される貨物列車。種々雑多な貨車が連結されている。終戦後まもない頃と思われる。（物流博物館蔵）

目的地駅近くの地区操車場に到着すると、またしても行先の路線別に分解・仕訳される。その地域の解結列車に連結されて、ようやく目的地であるB駅を目指す。B駅に到着した貨物は受取主（着荷主）または通運事業者によって封印を解かれ、駅留めなら着荷主が受け取り、配達つきなら通運事業者によって配達される。

基本的な仕組みは郵便と同じ

目的地まで直接輸送せず、操車場に貨車を集結させては何度も行先方面別に仕訳する作業は、現代の感覚では非常に複雑で非効率的に見える。とはいえ、基本的な仕組みは郵便物の輸送・配送と同じだ。

はがきや封書などの郵便物は、郵便ポストに投函すると、軽自動車などを利用した郵便局員が回収して集配郵便局に集められ、種類や宛先方面別に分類される。さらに、その地域を統括する地域区分局を経て、大型トラックや航空機などで配達地域の地域区分局に運ばれる。そして、集配郵便局からバイクなどで配達先に届けられる。

郵便ポストは発送駅、ポストから回収する軽自動車や配達員のバイクは解結貨物列車、集配郵便局は地区操車場、地域区分局は基幹操車場、大型トラックや航空機は長距離貨物列車に、それぞれ置き換えて例えることができる。

鉄道以外に有力な輸送手段がなかった時代、国鉄は全国津々浦々の駅から集められた貨車を、やはり全国津々浦々の駅に届けなくてはならなかった。鉄道には、決められた線路の上しか走れないという大きな制約がある。追突事故を避けるために、一定時間に運行できる列車の数（線路容量）には限りがあり、あらゆる区間を行き来する貨車をバラバラに動かしていたら、線路はすぐにパンクしてしまう。また、鉄のレールを鉄製の車輪で走る鉄道は、レールと車輪との摩擦が少ない。これは小さな力で大きな貨物を運べる利点でもあるが、列車の重量が重すぎると機関車の車輪が空転してしまうので、１本の貨物列車が牽引できる貨物の量は、路線ごと、機関車ごとに制約がある。行先方面別に貨車を仕訳し、機関車が牽引できる最大数の貨車が集まったところで貨物列車として仕立てられる（組成《そせい》という）集結輸送方式は、「限られた輸送力を最大限効率よく活用する」という点では、確かに理にかなった輸送方法だった。

仕訳を繰り返すために到着時間が読めない

しかし、集結輸送方式には大きな欠点があった。とにかく時間がかかり、しかも到着時間がわからないということだ。そもそも、発送しようにも貨車が慢性的な不足状態で、発送駅に配給されるまで時間がかかる。戦時中に酷使された貨車が、戦後淘汰されて極端な貨車不足に陥り、新型貨車の補充が輸送量の増大に追いつかなかったためだ。

次に、各貨物駅と操車場とを結ぶ解結列車が遅い。駅に停車するたびに、到着貨車の解放・発送貨車の連結を繰り返す。停車時間や待機時間が長く、表定速度（停車時間を含めた平均速度）は時速20km以下が当たり前だった。しかも、たまたま貨物が集中すれば、解結列車に連結しきれないこともあり、その場合は次の列車や翌日の列車まで待たなくてはならなかった。

操車場でも非常に時間がかかった。操車場には膨大な数の貨車が集まるが、仕訳作業は1両あるいは1グループごとに順に行う。到着した貨車たちは、自分の順番が来るまでひたすら待つ。仕訳された貨車も、同一方向の貨車が所定の数に達して貨物列車が組成されるまで、さらに何時間も待機した。到着から発車まで10時間以上かかるのは当たり前で、中継地や到着地の操車場でも同じくらいの時間がかかる。作業時間は貨車の量によっても大きく変わり、何時に出発できるかはその時にならないとわからない。この結果、鉄道貨物は発送から配達までの時間の８割を「待機」で過ごし、いつ目的地に到着するのか、誰にも予測できなかった。

　集結輸送方式は、「輸送力の有効活用」に最適化された方式で、「迅速な輸送」には最適化されていなかったのである。

　それでも、他に有力な輸送手段がなかった時代は運んでもらえるだけありがたかったが、１９７０年代に入るとトラックによる自動車輸送が台頭した。道路さえあればどこでも行ける自動車輸送は、発送地から到着地まで１台のトラックで完結し、時間が読みやすいうえに荷崩れもしにくい。鉄道に比べると大勢の運転手が必要でエネルギー効率も悪く、現代の感覚から見れば労働条件も劣悪だったが、需要と労働力が豊富な高度経済成長期にあっては、大きな問題とはならなかった。

　また、日本の産業構造が重工業中心から電子・化学工業中心に転換したことも、小口輸送を得意とする自動車輸送への移行を促した。さらに１９７０年代以降の国鉄運賃のたび重なる値上げや、労使対立によって輸送が不安定になったことが、貨物においても国鉄離れを加速させることになった。

集結輸送方式は、鉄道以外に輸送手段がなかった時代には、時間がかかっても全国に物資を届けるという役割を存分に果たした。だが、自動車輸送が発達すると、その強みを活かせなくなったのである。

膨大な手間をかけて貨車を仕訳する操車場

集結輸送方式の要は、操車場だ。

国鉄の操車場は、貨車を取りまとめて貨物列車を組成する施設であることから「組成駅」とも呼ばれ、操車場の機能を兼ねた貨物駅を含め全国に最大約１５０カ所あった。このうち、全国を行き交う長距離貨物列車を中継し、貨物輸送ネットワークの中心的な役割を果たした基幹操車場「本社指定組成駅」は全国に約30カ所。中でも神奈川県の新鶴見、愛知県の稲沢、大阪府の吹田は規模が大きく「三大操車場」と呼ばれた。この他の操車場は、その地域を発着地とする貨物を集約する地区操車場で、地区を代表する「地区指定組成駅」と、各鉄道管理局が指定し補完的役割を果たす「局指定組成駅」があった。もっとも、基幹操車場と地区操車場の役割は明確に分かれていたわけではなく、基幹操車場も近隣の駅を発着地とする貨物の集約を行ったし、地区操車場でも、長距離を輸送する貨車の中継を

操車場名	方式	重要度	処理能力(両)	備考
岩見沢	平面	本社	2300	道内貨物輸送と石炭輸送の要。3000車／日への改良計画もあった
東室蘭	平面	本社	2200	石炭や鉄鋼など北海道の産業拠点として機能した操車場
五稜郭	平面	本社	2000	本州から来た北海道各地への貨車を仕訳した
青森（操）	平面	本社	2000	東北三大操車場の一つで本州・北海道間の物流の要
秋田（操）	平面	本社	2400	奥羽本線と羽越本線の結節点にあり現在は秋田貨物駅に
北上	ハンプ	管理局	1200	東北新幹線の建設に対応して1978年開設、国鉄最後の新設操車場。
長町	平面	本社	2500	東北三大操車場の一つ。仙台駅を迂回する東北貨物線の分岐にあった
郡山（操）	ハンプ	本社	4300	初の本格的自動化ヤードとして運用された東北三大操車場
新潟（操）	平面	本社	2000	手狭な新津操車場に代わる物流拠点として白新線と同時に整備
長岡（操）	平面	本社	1500	日本海縦貫線である信越本線と上越線の結節点に位置する物流拠点
直江津	平面	本社	1000	信越本線と北陸本線を中継する日本海縦貫線の拠点
大宮操	ハンプ	本社	5300	東北・上信越方面と東海道方面を中継する基幹ヤード
武蔵野	ハンプ	本社	4400	初の総合自動化ヤードとして開業するも実力を発揮できず
新鶴見	ハンプ	本社	5600	三大操車場。東海道方面と、中央・上信越・常磐・総武各線を接続
田端操	ハンプ	本社	2800	隅田川駅と接続し東北・上信越方面の拠点だったが大宮操・武蔵野の開業で縮小
新小岩	平面	本社	2400	房総半島方面の物流をまかなっていた操車場。新金線で常磐線と接続
高崎（操）	ハンプ	本社	1900	郡山に続き自動化ヤードされた基幹操車場
富山（操）	平面	本社	2500	日本海縦貫線の基幹操車場。4000車／日への拡張計画は実現せず

操車場名	方式	重要度	処理能力(両)	備考
塩浜操	ハンプ	地区	2600	リニアモーター駆動による貨車制御を実現したハンプヤード
沼津	平面	本社	1300	東海道本線と御殿場線の結節点にあり東海地区への物流拠点
東静岡(操)	ハンプ	本社	2800	戦前に弾丸列車計画のために取得されていた土地を活用
稲沢	ハンプ	本社	4300	三大操車場。中京地区の貨車の中継を一手に担っていた
米原	平面	本社	2100	東海道と北陸を結節する重要な操車場。戦前は仕訳線が分散し作業効率が悪かった
梅小路	平面	本社	2000	山陰本線方面への拠点。現在は京都貨物駅と京都鉄道博物館に
吹田（操）	ハンプ	本社	6500	三大操車場。日本最大の規模で唯一ハンプを2カ所に設置していた
竜華	平面	本社	1600	百済貨物駅の入口にあり大阪南部の拠点操車場
姫路	平面	本社	1400	吹田操車場を補完する関西地方西部の物流の要衝
岡山（操）	平面	本社	2800	中国地方における鉄道貨物輸送網の中核。四国への物流も
広島	平面	本社	1900	東広島貨物駅に隣接し中国地方西部と広島港の結節点
幡生（操）	平面	本社	2200	山陽本線と山陰本線を接続、鮮魚輸送の拠点でもあった
門司	ハンプ	本社	3700	九州地方の玄関、北九州工業地帯と筑豊炭田の拠点と重要な役割を果たす
香椎（操）	平面	本社	2000	博多港へつながる貨物拠点として機能した操車場
直方	平面	本社	3000	筑豊炭田の拠点。石炭を満載した貨車が集結したが晩年は衰退していた
鳥栖	ハンプ	本社	2400	熊本・鹿児島方面と長崎・佐世保方面の分岐点。現在は鳥栖スタジアムに
熊本	平面	本社	1300	九州南部への貨車を仕訳する拠点。現在は熊本貨物ターミナル

（操）は同一名の旅客駅が別の場所にある場合に便宜的に用いられた表記。貨物駅の機能も併せ持つ操車場の中には正式名称に「～操」がつく場合もあった（大宮操など）。また独立して「○○操」となる場合もあった（後の新潟操など）。指定規模は最も高位の時のもの。処理能力は1965年度基準（北上・郡山・武蔵野・塩浜操は全面開業時）

行った。

操車場での作業手順

１９６０年代後半における、操車場での作業手順を少し詳しく見てみよう。

①到着線作業

操車場に到着した貨物列車は、まず到着線に入る。操車場は、行き止まりの終端駅でなければ上り下り双方から貨物列車が来るが、仕訳作業は一つの方向に対して行われる。首都圏最大の操車場だった東海道本線新鶴見操車場の場合、到着線は起点方（東京寄り）にあり、汐留・大崎方面からの下り列車は直接到着線に入った。これに対し、横浜方面からの上り列車はいったん操車場の外側を通過して起点方の折返線に入り、方向転換して到着線に入った。上り線から直接到着線に入ろうとすると、先に到着線にいる列車はその間発車できず、作業効率が落ちる。だから、上り列車もいったん折返線に入って、上り・下りとも同じ方向から到着線に入った。

到着線に停車すると、牽引してきた機関車が切り離されて隣接する機関区へ帰る。残っ

写真奥の機関車が急ブレーキをかけると貨車だけがそのまま写真手前に走ってゆく。貨車につかまっている作業掛が適切なブレーキをかける。（物流博物館蔵　映画『こうして米は運ばれる』より）

た貨車はブレーキを連動させるホース類（制動空気管）を外され、検査掛が1両1両の状態や検査期日を確認。前の操車場から送付された組成通報の「貨車連結順序表」を見ながら連結順序などが合っているかなどをチェックする。検査作業が終わると、入換機関車が貨車の起点方に連結されて、終点方にある「仕訳線」に向けてゆっくりと押していく。

②分解・仕訳作業

到着線の先には、扇状に分岐していく仕訳線がある。多数の分岐（ポイント）によって枝分かれした線路には、それぞれ「吹田以遠行き」「長町以遠行き（含北海道）」など行先方面が決められている。

仕訳される貨車は連結器のロックを解除

された状態で最後尾に連結された入換機関車が仕訳線に向けて加速し、入換機だけがブレーキをかける。するとロックを解除された貨車はそのまま切り離されて慣性の法則で前進し、ポイントを次々と通過して、自分の行先方面の仕訳線に誘導される。これが「突《とっ》放《ぽう》」と呼ばれる作業だ。突放を繰り返すことで、各貨車が行先方面別に仕訳されていく。

もっとも、突放による分解・仕訳作業は、機関車が何度も行ったり来たりするうえに加速と急ブレーキを繰り返さなくてはならず、貨車が多い操車場では効率が悪く危険だ。そこで、新鶴見操車場をはじめ、大規模な操車場では「ハンプ」という仕組みを使って、より効率的に分解・仕訳を行った。機関車がすべての分解仕訳作業を行う操車場を「平面ヤード」、ハンプを使用する操車場を「ハンプヤード」という。

ハンプとは、到着線と仕訳線の間に設けられた人工の丘だ。突放を行う代わりに、押上機と呼ばれる入換機関車は貨車をゆっくりハンプまで押し上げ、頂上まで来たところで連結器を解放する（散転）。切り離された貨車は、重力によって下り勾配を転がり（転走）、自ら仕訳線に転がっていく。勾配は、ハンプを出た直後は50パーミル前後の急勾配だが、徐々に緩やかになり、最終的にはレベル（平坦）になる。

ハンプの頂上には、貨車の連結器を解放する構内作業掛がいる。貨車は、1両ごとに別の仕訳線に入ることもあれば、数両まとめて同じ仕訳線に入る場合もある。構内作業掛は、手許の貨車連結順序表を参照しながら、時速2〜3㎞で登ってくる貨車の連結器を手際よく解放する。解放された貨車は、重力によってゆっくりとハンプを下っていく。

ハンプの両脇には信号扱所があり、下ってくる貨車が正しい順序で解放されているかを監視している。各貨車を正しい仕訳線に誘導するには、多数のポイントを一つ一つ正しい方向に開通させなくてはならない。１９５０年代までこの作業は信号掛の仕事で、転換作業は人力で行っていたが、１９６０年代後半になると転換作業は自動化され、貨車連結順序表をデータ化した穿孔テープを自動仕訳装置に読み込ませると、自動的に分岐が転換されて正しい進路が設定されるようになった。

ハンプから転がされた貨車は、下り勾配を転がり続けるので、次第にスピードが上がる。最終的には仕訳線の先にいる貨車に連結されるが、連結時の速度は時速４～７kmでなくてはならない。これより速いと激突して貨車を破損する恐れがあり、遅いと手前で停まってしまうことがあった。

これも、古くは構内作業掛が終始貨車に添乗してブレーキを操作していたが、極めて危険で非効率な作業だった。そこで、１９５０年代末からは「カーリターダ」が導入される。これはポイントの先に設置されて、貨車の車輪を両側から押さえつけて速度を落とす装置で、信号扱所にいる

構内作業掛は写真右のステップに乗り、車輪手前に見えるブレーキペダルを足で操作した

郡山操車場に設定されたカーリターダ。奥に見えるハンプから手前方向に貨車が走ってくる。（日本国有鉄道『これからの貨物輸送』昭和44年11月より）

信号掛が全体の貨車の状況を見ながら操作した。カーリターダは通常2カ所設置されて、二段階で減速させた。もっとも、積載量が多く重い貨車など十分に速度が落ちない時もあり、また連結時には微妙な速度調整が必要となることから、最後には構内作業掛が飛び乗って車上ブレーキを操作した。

各仕訳線は、それぞれ近隣の到着駅や、主要な操車場が割り当てられていた。遠方の操車場や、地方の小規模な操車場など送るべき貨車が少ない操車場は省略され、その周辺の基幹操車場にまとめて送られていた。新鶴見操車場の場合、九州行きの貨車はすべて「九州線行き」の仕訳線にまとめられて門司操車場に送られていたし、北海道を含め、東北本線の仙台（長町）以北へ向かう貨車はすべて「長町以遠行き」の仕訳線にまとめられた。門司に送られた貨車は、そこでまた九州内各方面へ仕訳された。北海道行きの貨車は、仙台の長町で仕訳された後、さらに五稜郭操車場で道内各方面へ仕訳された。

なお、分解・仕訳作業は、原則として到着順に行われたが、急行貨物列車の貨車は優先して分解・仕訳された。

③組成作業

行先方面別に仕訳された貨車を引き出して、貨物列車の編成を作る作業が「組成」だ。仕訳線１本につき１本の貨物列車が組成されるとは限らない。複数の仕訳線から貨車を引き出して、貨物列車を組成することも多かった。

仕訳されて、組成を待つ貨車のことは、国鉄用語で「財源」といい、「財源がある」「財源を引き出す」といった具合に使われた。

仕訳線に留置されている貨車は、「貨車集結方《かた》」に従って組成される。「貨車集結方」は、ダイヤ改正ごとに作成される、貨車の編成の組み方を取り決めた規定だ。

１９６８（昭和43）年10月改正時の、大宮操車場発長岡経由直江津行き６６７列車の「貨車集結方」は、上のように記されている。

①	ヨ
②	直江津以遠行き
③	ヨ 以上現車50
④	高崎以遠行き 以上現車53　換算100

貨車集結方は、必ず最後尾側から記載される。「ヨ」とは、車掌車（緩急車）のことだ。最後尾から「車掌車」、「直江津以遠行き」、「車掌車」、「高崎以遠行き」の順で連結し、①～③の合計が50両以内、①～④の合計が53両以内で、換算両数（後述）は１００両以内という意味だ。「○○以遠行き」は、「○○操車場までこの列車で運び、そこで再び解体・組成して別の列車で目的地へ向かう貨車」ということを表す。②の「直江津以遠行き」は、この列車の終着駅である直江津駅まで連結する貨車。④の「高崎以遠行き」は、高崎で切り離し、信越本線など別の路線へ中継される（または高崎を目的地とする）貨車だ。

「現車」は実際の貨車の両数のこと。「換算」は「換算両数」の略で、10トンを「換算１両」とする重量の単位だ。「換算１００」とあれば、自重と積載貨物の合計重量が１０００トン以内の編成に収めるということだ。

一つの操車場行きの貨車だけで組成される貨物列車を「１段組成」、６６７列車のように、２カ所の操車場行きの貨車を組み合わせる場合は「２段組成」という。

組成作業は、入換機関車が各仕訳線から、貨車集結方に定められた数の貨車を順番に引き出し、出発線に並べることで行う。前述の例なら、まず④「高崎以遠行き」の貨車を引き出した後に③の車掌車を１両連結。次に②「直江津以遠行き」の貨車を引き出し、最後に①の車掌車を連結して出発線に持っていく。各貨車の数は、全体で規定内であればよいので、「高崎以遠行き20両＋直江津以遠行き31両＋車掌車２両」のこともあれば、「高崎以

昭和30年代後半の操車場での光景。（物流博物館蔵）

遠行き32両＋直江津以遠行き19両＋車掌車2両」ということもあり得た。

さて、貨物列車の発着時刻は決まっているから、組成作業を行う時刻も決まっている。この時、「現車50」など規定いっぱいの貨車が仕訳線に揃っているのが理想だが、実際にはこれよりも少ない場合がある。多少の不足であれば、規定よりも少ない両数で組成されるが、極端に少ない場合はその貨物列車を運休として、貨車は次の列車にまわされる。旅客列車は乗客がゼロでも運行しなくてはならないが、貨物列車は貨車が少なければ運休とすることができた。貨車が多すぎて次の列車にまわされることもあり、これも到着時刻が不明確となる要因だった。

解結列車は、もう少し複雑だ。管内の各

駅に貨車を送り届ける解結列車は「中間行」と呼ばれ、連結順が決められていない。解結列車向けの仕訳線には、各地から来た管内各駅向けの貨車がバラバラに留置されている。そこで、解結列車向けの貨車はいったん「駅別仕訳線」に引き出され、機関車に近いほうから到着する駅の逆順に並べ替えられる。入換機関車が連結・解放・引き上げを繰り返して貨車の順序を整理していく様は、まるでパズルの「ハノイの塔」のようだ。これも、時間がかかる理由の一つだった。

④出発線作業

組成作業が終わった貨車を、出発線に入れることを、「据えつける」という。据えつけられた貨車は、構内作業掛によって制動空気管が接続され、点検・確認ののち機関車が連結されて出発する。操車場からは、行先の各操車場に向けて組成通報（貨車連結順序表）が送信される。ファックスや電子メールなどはない時代だから、送信には文字を電信符号に変換して送受信するテレタイプが使用された。

７８０㎞の輸送に60時間近くかかった

沼宮内→島田　輸送例

「ヨン・サン・トオ」と呼ばれる国鉄の白紙ダイヤ改正が行われた1968年10月の貨物ダイヤで、集結輸送の時刻をシミュレートしてみよう。このダイヤ改正で、国鉄は貨物の到達時間の迅速化と明確化を狙い、貨物列車の種別を整理すると同時に初めて全国版の『貨物時刻表』を発行した。この時刻表には、主な操車場で貨車がどのように貨物列車を「乗り継いでいるか」（継送しているか）が掲載されている。あくまで目安を示すものであり、いつも貨物時刻表に掲載されている通りに継送されたとは限らなかった。

東北本線（現・IGRいわて銀河鉄道）沼宮内《ぬまくない》駅（現・いわて沼宮内）から東海道本線島田駅へ、貨車1両を輸送すると仮定しよう。沼宮内駅には1日3本の盛岡行き解結列車が発着する。日中に積込みを行った場合、発送は21時04分発1794列車だ。途中、岩手川口、好摩、厨川《くりやがわ》に停車して貨車の解放・連結を繰り返し、32km先の盛岡駅到着時刻は23時10分。表定速度は時速12・7kmだ。

盛岡駅では、仕訳・組成ののち、順調であれば盛岡発郡山操車場行き１５６４列車に継送される。盛岡駅発車時刻は翌日（２日目）の11時。途中、一ノ関駅や仙台の長町操車場などを経由し、20時14分に郡山操車場に到着する。貨車は仕訳・組成を経て新鶴見操車場行き１１７０列車に継送され、深夜１時49分に郡山を出発。この列車は大宮操車場で５５７０列車となり、山手貨物線を経由して３日目の朝８時06分、新鶴見操車場に到着する。さらに仕訳作業を受けて、新鶴見15時46分発の６４７５列車に継送されて東静岡駅に19時04分に到着。ここで貨車は「島田・金谷行き」に仕訳され、駅別仕訳線で金谷行き・島田行きの順に並べ替えられる。煩雑を極める駅別仕訳だが、東静岡発の解結列車は島田と金谷の２駅しか停車しないので比較的シンプルだ。

　解結列車の６９１列車として東静岡駅を発車するのは、４日目の４時36分。島田駅には、５時14分に到着する。沼宮内駅から約７８０㎞の輸送に約56時間10分を要し、表定速度は時速13・９㎞。まさに自転車並みの速度だ。途中の操車場で貨車が滞留したり、貨車が少なすぎて貨物列車が運休となれば、もっと遅くなることもあった。逆に、たまたま仕訳がスムーズに行われて早い列車に継送されることもあり、いつ届くかはまさに神のみぞ知る状態だった。

コンピュータによる自動化で操車場の近代化・作業迅速化を図る

「輸送力は最大限活用するけれどもスピードが遅く、いつ到着するのかわからない」。これが集結輸送方式の特徴だった。「輸送力をどれだけ活用するか」は国鉄側の都合だ。お客様である荷主にとってはどうでもよく、どれだけ早く確実に、安く運んでくれるかが重要だ。１９６０年代まで、国鉄貨物はこうした荷主側のニーズにほとんど対応できず、自動車輸送にどんどんシェアを奪われた。

国鉄も、競争力を失いつつある鉄道貨物の問題は早い段階から認識していたが、１９６０年代はまだまだ鉄道貨物の取扱量が増加を続けていた時期。明治以来の完成された集結輸送方式をやめるということは考えられなかった。

貨物輸送復権に向けた試みの一つが、コンテナ輸送（64ページ）による拠点間直行輸送だ。コンテナ輸送は、トラックとの連携を前提とする画期的な輸送方式だったが、専用貨車にコンテナを載せ、その中に貨物を詰めるという構造から、同じ機関車で牽引できる貨物量は従来の貨物列車よりも少ない。そのため、「輸送効率第一」の考えに染まった国鉄には、コンテナ輸送の主流化に懐疑的な者もいた。

「国鉄貨物輸送の本義は、車扱輸送にある。より多くの物資を輸送できる車扱輸送を改善しスピードアップしてこそ、鉄道貨物はその特性を発揮できる」

このように考える者が多かったのだ。

車扱輸送の改善には、とにかく時間がかかり、到着日時が不明確となる元凶だった操車場の近代化が不可欠とされた。到着から分解・仕訳、組成、出発までにかかる時間を最新の技術で短縮すれば、輸送効率を活かしつつ速度改善が図れると考えたのだ。

操車場が極めて多くの人員を必要とすることも問題だった。１９６０年代後半、全国の操車場で働く国鉄職員の数は４万人以上。この人数は、現在のＪＲ東日本の正社員数に匹敵する。人件費が高騰するのはもちろん、作業効率の向上も難しい。年々増加する取扱量に対応できないうえ、事故のリスクも高かった。実際、操車場では貨車から転落する、連結器に挟まれるといった重大事故が多く、たいていの操車場は、近くに救急対応できる鉄道病院が設けられたほどだった。

操車場の近代化に向けた国鉄の選択は、コンピュータと情報技術の導入による作業の自動化だった。

操車場での作業は、前述のように「到着」「分解・仕訳」「組成」「出発」の各作業に分かれる。このうち、最も煩雑な「分解・仕訳」をコンピュータの導入によって自動化し、それ以外の作業も情報処理技術の導入と手順の最適化によって時間の短縮を図ろうとした。
「分解・仕訳」作業を自動化するには、大きく分けて①「貨物列車の貨車を行先方面別に分解し、貨車ごとに正しい仕訳線への線路が開通するよう多数の転轍器を設定する技術」と、②「ハンプから転走させた貨車の速度を制御し、先に仕訳線にいる貨車の最後尾に安全に連結させる技術」が必要だ。①については自動仕訳装置が、②についてはカーリターダが導入されてある程度機械化されていたが、従来のカーリターダは信号扱所にいる掛員が手動でブレーキ力の調整を行っていた。ハンプから転がされた貨車の速度と減速の具合は、貨車の自重と積荷の重量、風速と風向き、気温や湿度、降雨の有無などによって変わる。また、どの時点で時速何kmまで落とすべきかも、仕訳線に溜まっている貨車の量によって異なる。こうした貨車の速度制御は、信号取扱所にいる信号掛が経験と勘を頼りにカーリターダを操作して行っていたのだ。しかも、最後は人が動く貨車に飛び乗って制動をかけていた。

国鉄が目指した自動制御は、次のようなものだ。

構内に複数の「風速・風向測定器」を、ハンプの頂上に車軸にかかる重量を測定する「軸重測定器」を設置しておく。また仕訳線には、レールに電流を流して仕訳済み貨車の在線状況を判定する「フルネス測定装置」を設置し、それぞれコンピュータに随時データを送信する。

各測定器からデータを読み取ったコンピュータは、各貨車を時速何kmでハンプへ押し上げるか、そして各貨車を何秒間隔で転走させるかを決定し、押上機関車を無線で自動制御する。従来転走間隔は15秒程度の等間隔だったが、貨車の速度や制動力、仕訳線の在線状況といったデータがわかれば、1両1両の転走間隔を最適化できる。

次に、コンピュータは「次の貨車は、各カーリターダでそれぞれ時速何kmに減速させて、何m転がせば、仕訳線の最後尾の貨車に安全に連結されるか」を計算して、通常2カ所ある空圧式カーリターダのブレーキ力を制御。第一カーリターダの先には、レーザースピードメータを置いて実際の速度を計測し、第二カーリターダの制動力をさらに調整する。仕訳線には、最終的に時速7km以下に落とすため、貨車の自重をブレーキ力に転換する自重式カーリターダが2カ所用意されて、安全かつ正確な速度で仕訳線の貨車に連結・停止する。仕分け作業の所要時間が最適化されるだけでなく、動く貨車に掛員が飛び乗る必要もなくなり、迅速かつ安全な仕訳作業が実現する……というわけだ。

総合自動化システムを採用した武蔵野操車場の開業

仕訳後の組成作業にも新しい考え方が計画された。順序がバラバラな貨車を到着駅順に並び替える組成作業には、まるでパズルを解くかのような、極めて手間のかかる入換作業が必要だった。

図A　D型矢羽根線

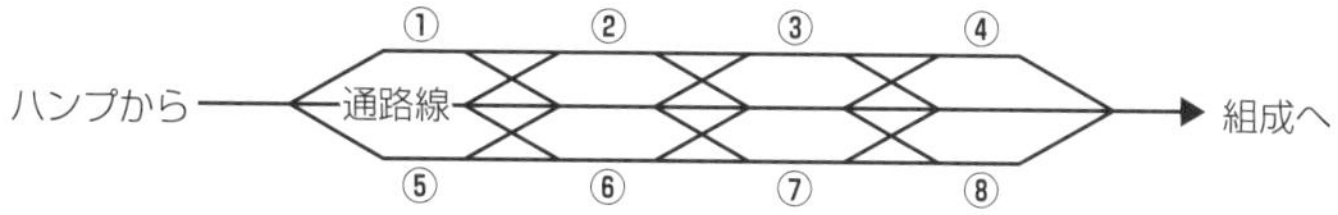

ハンプから転送してきた貨車も、組成のため右手から来た機関車も、通路線と両渡りの分岐を通って①～⑧の任意のブロックに出入りできる

図B　S型矢羽根線

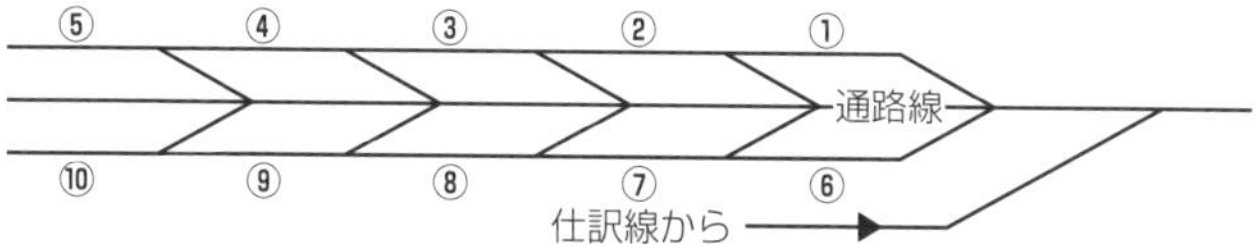

仕訳線に溜まった貨車を右から転がし通路線と片渡りの分岐を通って到着駅順になるよう①～⑩のブロックに振り分ける。最後に貨車を引き出す機関車も右から入るので分岐は片渡りでよい

そこで考案されたのが、「矢羽根線」と呼ばれる線路配置だ。これは、仕訳線を平行する3本に分岐させ、それぞれを貨車数両分のブロックに区切って、中央の線路と行き来できる両渡りの分岐を多数用意した配線。図Aは1968年に開業した郡山操車場の「D型矢羽根線」と呼ばれるタイプで、ハンプから流された貨車は左から来て到着駅別、あるいは列車別に①～⑧のブロックに仕訳される。

中央の線路は、各ブロックを行き来するための通路線だ。各ブロックに貨車が溜まると、右からやって来た入換機関車が各ブロックの貨車を連結、出発線へ引き出す。あるいは、中央の通路線を通って、必要なブロックの貨車だけを引き出すこともできる。入換機関車が行ったり来たりして1両ずつ順序を整えていた従来の組成作業よりも、効率的な作業が可能だ。
D型矢羽根線は、主として列車指定貨物や地域間急行貨物列車（56ページ）など、特定の列車に連結する貨車の組成を想定したシステムだった。図BはS型矢羽根線と呼ばれるもので、地域内の各駅へ貨車を届ける解結列車の組成に使われる。こちらは、貨車も機関車も右からしか出入りしないので、ブロックを区切る分岐も片渡りだ。この図はやはり郡山操車場のもので、①〜⑩の各ブロックに到着駅が割り当てられ、中央の通路線を通って貨車が振り分けられる。各ブロック間にはストッパーが置かれ、他のブロックの貨車が誤って入らないようにしておく。

貨車が所定の数だけ集まるとストッパーが取り除かれ、右から入ってきた機関車が左に向かって押し込む形で各ブロックの貨車を連結。右へ引き出す。機関車を行ったり来たりさせる必要がなく、圧倒的に効率的だ。

この他の作業についても、自動化が研究された。前の操車場から伝送されてくる組成通報をコンピュータに入力すると、自動的に貨車の分解表が作成されて転走貨車の制御システムに伝達され、同時に実際の分解作業を行う構内作業員にも通知される。仕訳線の在線状況もリアルタイムに把握されるので、どの貨車をどの順序で何両連結して所定の貨物列車を組成するかも、自動的に計画される。すべてが実現すれば、到着から分解・組成、そして出発まで、ほぼコンピュータによる自動制御が可能となる。人の手を必要とするのは貨車の分解や制動空気管の着脱、各種確認作業などで、画期的なスピードアップと省力化が可能とされた。

この自動化システムの核となるコンピュータはＹＡＣ《ヤック》（Yard Automatic Computer）と名づけられ、東北本線の郡山操車場で１９６８年10月から稼動を開始した。ただし、当時はコンピュータの信頼性や処理能力に限界があり、押上機の自動制御や組成通報に基づいた情報処理の自動化は一部が見送られた。

ＹＡＣによる自動化システムは１９７０年10月に高崎操車場、１９７４（昭和49）年９月には新規開業した川崎市の塩浜操車場（現・川崎貨物駅）に導入された。そして、押上機の自動制御なども実現した、総合自動化システム完備の操車場として１９７４年10月に開業したのが、武蔵野線の武蔵野操車場だ。武蔵野線は、激増する東京周辺の客貨輸送改善のため、都心部を通らず東京の外郭をバイパスする貨物のメインルートとして建設された路線。武蔵野操車場はその中核拠点として総工費２４６億円をかけて建設された操車場で、取扱能力は１日４４００車を誇った。

１９７８（昭和53）年10月には、東北新幹線の建設工事に伴い、盛岡・北上・一ノ関の各駅の操車機能が統合され、北上操車場が開設された。取扱能力は１日１２００車、武蔵野操車場と同様の総合自動化ヤードとして開業した。

だが、武蔵野操車場が開設された１９７４年は第一次オイルショックの直後にあたり、すでに日本の高度経済成長には陰りが見えていた。

車扱貨物の指定席列車というべき地域間急行貨物列車

車扱貨物を近代化する試みは、操車場だけでなく貨物列車そのものに対しても行われた。

車扱貨物が輸送に膨大な時間を要し、到着日時が不明確となる原因の一つは、操車場に到着してみないと何時に出発するのかわからないという仕組みにあった。旅客列車に例えると、いつも混雑している路線に指定券を買わずに出かけ、席が空くまで駅で待つ、というようなものである。

そこで考え出されたのが、「地急（チキュウ）」こと「地域間急行貨物列車」だ。１９６８年10月改正で本格的に登場した列車で、全国の主要貨物駅（または操車場）を最高時速75㎞で結ぶ予約制の直行列車だ。単なる列車種別ではなく、継送する解結貨物列車も含めたシステムとして整備された。具体的には、全国に主要貨物駅を中心とした「地域」を設定し、「地域」内にある駅から主要貨物駅へは解結貨物列車で輸送。最高時速75㎞の地域間急行貨物列車で目的地近くの主要貨物駅まで直送する。「各駅から解結貨物列車で貨車を集めて１本の貨物列車に仕立て、目的地近くで到着駅ごとに分解する」という仕組みは、従来の集結輸送方式と同じ。地域間急行貨物列車では、あらかじめコンピュータで各貨車の輸送区間を予約しておき、貨車の継送を確定させておくという点と、途中の操車場は通過する（ヤードパス）点が特徴だった。

主要貨物駅では、貨車を１両１両をハンプから流して振り分けるのではなく、Ｄ型矢羽根線などを使用して事前に指定された通りに組成する。発駅から到着駅までの貨車の流れを決めておくので、操車場での無駄な待機時間が発生しない。主要貨物駅で継送する解結貨物列車も方面ごとに指定されており、「貨車が多すぎるから翌日にまわされる」といったことが起こらない。地域間を直行列車で結ぶのでスピードアップが図れ、発送した貨車がどの列車に連結されていつ目的地に着くのかも明確化できるというわけだ。国鉄は、これを「貨物の座席指定列車」と呼んでＰＲした。

地域間急行貨物列車は、まず主要都市間を中心に１６８本が設定された。このうち、コンピュータによる「地域間急行貨物情報システム」によって予約が管理される列車は86本。１９６９（昭和44）年4月からは、主要列車について到着予報が実施された。これは、貨物が到着駅に到着する前に、駅や通運事業者、着荷主に「○日の○時に貨物が到着します」と予告するもの。予約時にだいたいの到着日時は予測できるものの、１００％の保証ではないため、毎日原則として13時に到着予報が発報された。

46ページで紹介した、東北本線（現・IGRいわて銀河鉄道）沼宮内駅（現・いわて沼宮内）から東海道本線島田駅へ、有蓋貨車1両を送るケースについて、地域間急行貨物列車を利用した場合を見てみよう。

地域間急行貨物輸送が本格的に開始された1968年10月改正時、青森操車場〜浜松駅間には、地域間急行貨物列車「ぎょくれい2号」が設定された。この列車は、尻内（現・八戸）・盛岡・北上・一ノ関・小牛田の各駅で、東北本線の中小駅や、八戸線・山田線・北上線・石巻線といった支線から来た貨車を連結し、沼津・吉原・富士・清水・東静岡の各駅で周辺駅への貨車を解放する。東北地域と東海地域を結ぶ列車なので、青森から仙台に送る貨車や、東京から静岡に送る貨車は連結されない。

沼宮内駅から「ぎょくれい2号」を利用する場合、盛岡までは沼宮内10時29分発の解結貨物列車、1790列車を利用する。

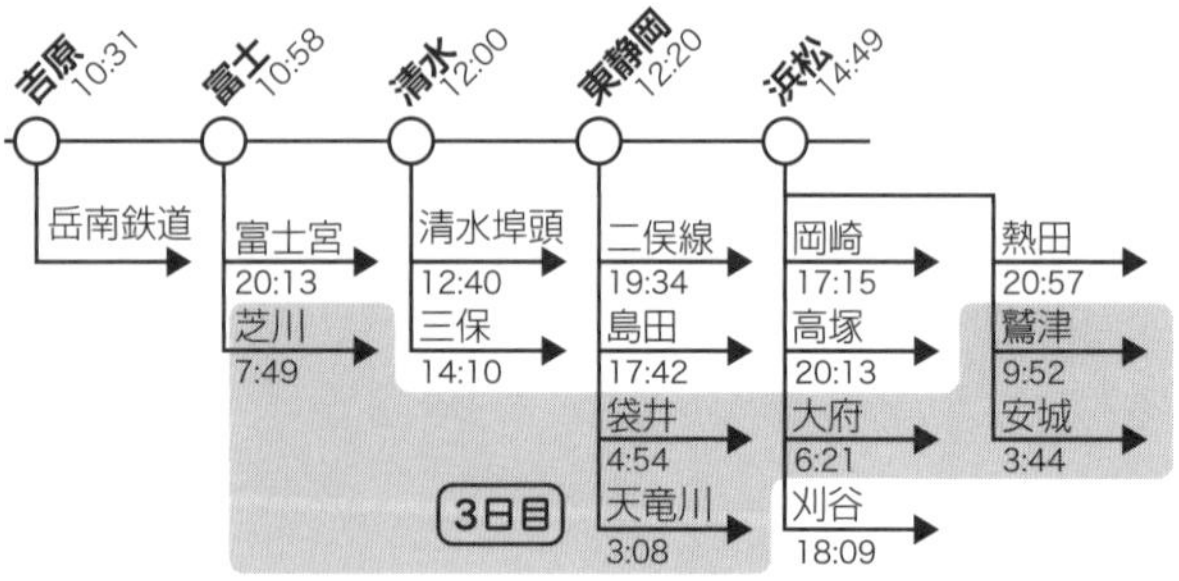

地域間急行貨物列車「ぎょくれい２号」青森（操）・浜松間継送

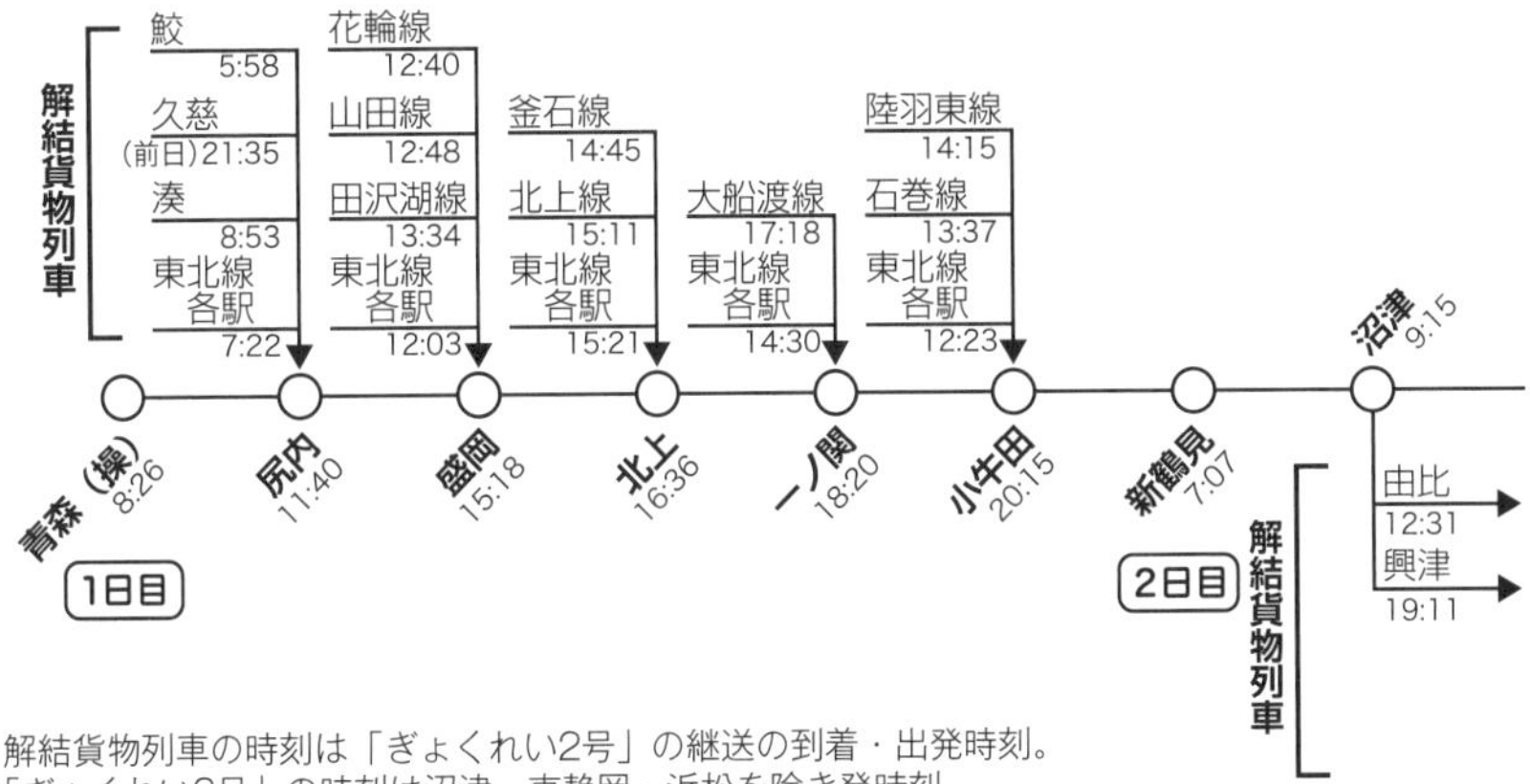

解結貨物列車の時刻は「ぎょくれい2号」の継送の到着・出発時刻。
「ぎょくれい2号」の時刻は沼津・東静岡・浜松を除き発時刻。

盛岡到着は12時03分。花輪線からの1784列車（12時40分着）、山田線からの7687列車（12時48分着）、田沢湖線からの892列車（13時34分着）が続々と到着して、「ぎょくれい2号」に連結される貨車が集められる。13時53分、青森からの「ぎょくれい2号」が到着。車票をもとに、各貨車を決められた順番に連結し、到着から1時間25分後の15時18分に盛岡駅を発車する。

「ぎょくれい2号」は北上・六原・一ノ関・小牛田・長町・福島・郡山（操）の順で停車し、2日目の6時46分に新鶴見操車場に到着する。貨車の仕訳や荷役作業は行わないので、停車時間はわずか21分。7時07分に新鶴見を発車すると、沼津・吉原・富士・清水と停車して各駅で貨車を解放し、12時

20分に東静岡駅到着する。用宗〜掛川〜天竜川間の各駅及び二俣線（現・天竜浜名湖鉄道）方面を目的地とする貨車が切り離され、島田行きの貨車は17時42分発稲沢行き７８１列車に継送される。島田駅到着は18時31分。所要時間は32時間02分で、表定速度は時速24・３kmだ。

　通常の貨物列車では56時間、足かけ４日かかるうえに本当にその列車で到着するのかわからなかったが、地域間急行貨物輸送であればその半分あまりの時間で、一応到着日時も明確にしたうえで物資を運ぶことができた。もっとも、午前発送・夕方到着集荷となることから配達にはもう１日ずつ必要で、結局足かけ４日必要なことは変わらなかったが、とにかく到着日時の明確化はある程度果たせたのである。

　ちなみに、同じ区間を現代の高速コンテナ列車で輸送するとどのくらい時間がかかるだろうか。いわて沼宮内駅がある岩手町から、静岡県島田市にコンテナを運ぶとすれば、東北本線矢幅〜岩手飯岡間にある盛岡貨物ターミナル駅からコンテナ列車に載せて、東海道本線東静岡駅の東にある静岡貨物駅まで輸送する。２０２３（令和５）年３月現在、盛岡と静岡とを結ぶ高速コンテナ列車には、盛岡貨物ターミナル17時13分発の札幌貨物ターミナル発西浜松行き３０８０列車がある。この列車は未明の山手貨物線を経由して、東静岡駅には５時53分に到着。所要12時間40分で、集配を加えても24時間以内に島田市内に配達できる。

時代の変化に対応できなかった集結輸送方式の改善策

地域間急行貨物列車は、「従来の集結輸送方式の改善」という観点から見れば、それなりに効果があった。しかし、コンテナ輸送と比較すると中途半端で小手先の改善に過ぎなかった。発送から到着までの平均速度は、一般貨物列車の時速９㎞前後に対して、地急は時速17㎞前後と確かに改善したが、自動車輸送と比べると不十分なのは明らかだった。

地急の導入による現場の混乱もあった。「ハンプから貨車を１両１両転走させて仕訳する」という大原則によって稼動している操車場では、地急は異質な存在で、特に小規模操車場では入換作業などでたびたび混乱が生じた。また、地急はいつも満車というわけではなく、むしろ空きのある状態で運行される方が多かったが、これも従来からの作業に慣れた国鉄職員を惑わせた。地急の編成に余裕があり、操車場には「財源」（組成待ちの貨車）がある、という状況なのに、一般貨車は地急に連結することができない。予約されていない貨車を連結すれば、操車場での分解に予定外の作業が生じ、地急のダイヤが乱れるからだ。しかし、実際には余裕のある地急に一般貨車を組み込むことは頻繁に行われていた。

操車場の自動化も、「集結輸送方式」という枠内で見れば、相当の時間短縮効果とコスト改善効果があった。だが、「貨車を１両１両仕訳する」というやり方は従来と同じ。地域間急行貨物列車も、操車場でいちいち貨車を組成し、解結貨物列車が膨大な時間をかけて管内各駅を巡回するという根本的な仕組みは変わらなかった。

これでは、いつでもどこへでもモノを運べる自動車輸送には太刀打ちできない。「これまでのやり方の範囲で作業効率を見直す」という考え方に立った集結輸送方式の改善策は、時代の変化に十分対応できなかったのである。

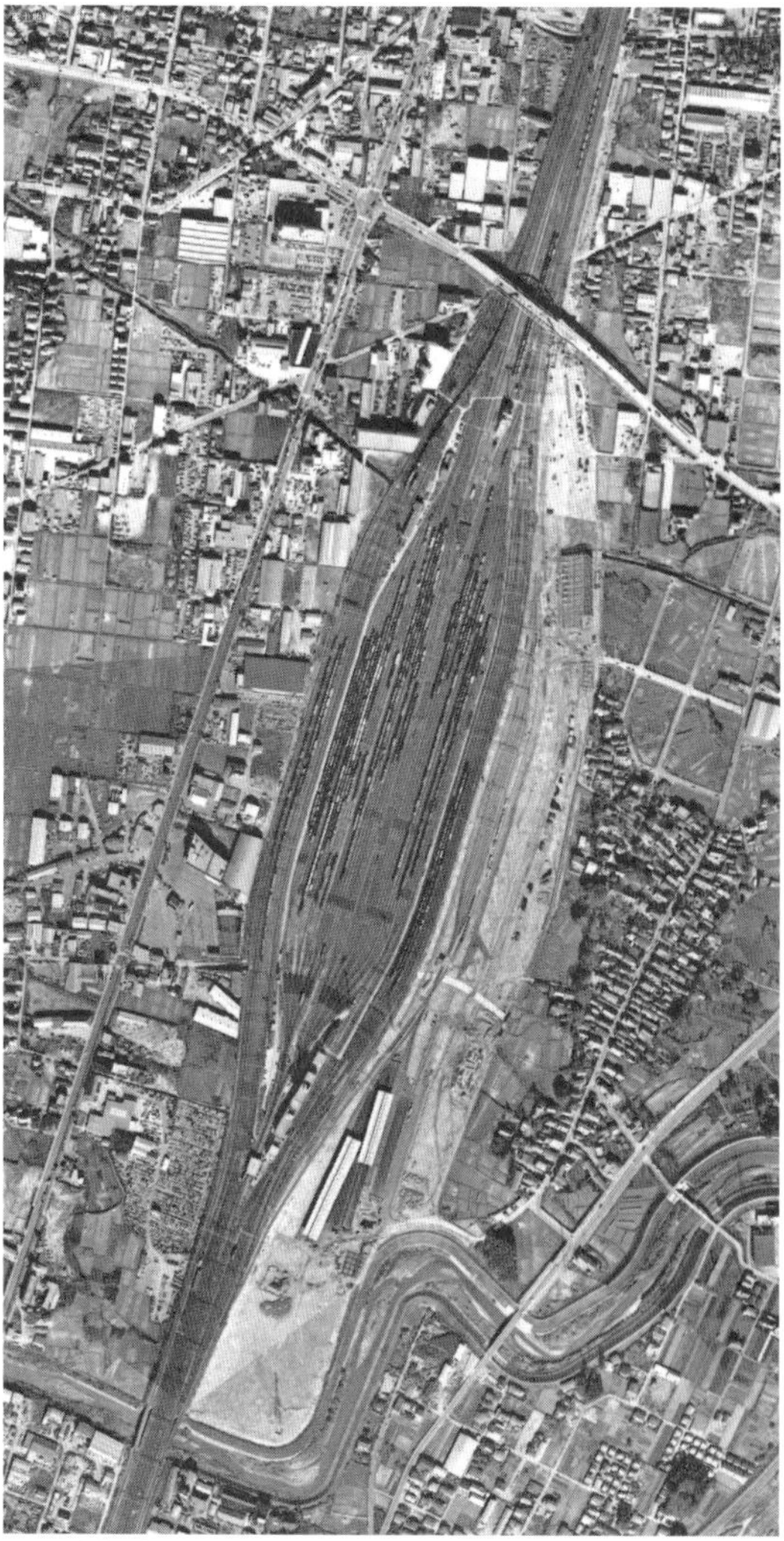

1975年（昭和50年）撮影の郡山操車場。抱き込み型。ハンプは写真下方、線路が収束している要の位置にある。（国土地理院）

第3章　鉄道貨物の救世主となった コンテナ輸送の歴史

現代の鉄道貨物輸送の主役

コンテナとは、鉄道だけでなくトラックや船舶などに積み替えることのできる規格化された「箱」のことだ。鋼製ながら内側は木張りで、さまざまな貨物を特別な荷造りをすることなく輸送できる。積荷を中に入れたまま、フォークリフトやクレーンを使って貨車からトラックへ、あるいはトラックから貨車へ積み替えられる便利な箱。宅配便から引越しの貨物、野菜や果物などの生鮮食料品、工業製品、建築資材など多種多様なものを積むことができ、サイズは5トンの貨物を積載できる12フィートコンテナを中心に、10トントラックにそのまま搭載できる31フィートコンテナ、内部を一定の温度に保てる冷凍・冷蔵コンテナ、石油化成品や液体を運べるＩＳＯタンクコンテナなど、さまざまなタイプが使用されている。

この柔軟性を活かして、コンテナ輸送では拠点駅間の中・長距離輸送を貨物列車が、両端における集貨（集荷）と配達を自動車（トラック）が担当する。標準的な貨物列車では10トントラック65台分の貨物を一人の運転士の運転によって一度に運ぶことができ、拠点駅間を直結するため長距離になるほど輸送スピードに優れる。鉄道とトラックそれぞれの長所を活かし、二酸化炭素排出量も削減できるので、環境負荷を低減させる「モーダルシフト」の本命としても注目されている。

鉄道コンテナ輸送のシステムは、国鉄時代に築かれたものだ。国鉄は、終戦後まもない１９５０年代からコンテナ輸送に着目し、研究・開発を続けてきた。明治以来の集結輸送方式が合理性を失い、自動車や船舶にシェアを奪われるなか、鉄道の特性を活かせる輸送モードとして普及し、国鉄貨物輸送の救世主ともいえる存在になった。もし、コンテナ輸送の研究開発が遅れていたら、鉄道貨物輸送は国鉄分割・民営化とともにごく一部を除いて全廃されていたかもしれない。

そんな、国鉄時代のコンテナ輸送の歩みを見てみよう。

「通い箱」と呼ばれた戦前の小型コンテナ

日本の鉄道貨物に「コンテナ輸送」が誕生したのは、１９３１（昭和６）年のことであ

イ号コンテナ。人物の大きさと比較すると、現在の5トンコンテナよりかなり小さいことがわかる。トム5000形に積んだ。トラックに移し替えるときなどは天井のフックにワイヤーをかけ、テルハで吊って移動した。（物流博物館蔵）

る。欧米では、それ以前からごく少量の貨物を輸送する手段としてコンテナ輸送が普及していたが、当時の鉄道省運輸局は欧米のコンテナ事情を調査研究し、１９３１年１月、１トン積のコンテナの試作に着手する。背景には、布製品や菓子といった「貨車１両には満たない程度の小口貨物を輸送したい」というニーズの高まりと、自動車や私鉄の登場などがあった。

　例えば、その頃桐生や足利など関東北部で生産された織物製品は、両毛線があるにもかかわらず東京まで東武鉄道で輸送してから省線に引き継ぐようになっていたし、大阪や兵庫で生産されて京都方面に出荷される菓子・毛織物類は、早くも自動車輸送に移っていた。こうした区間では、１回あたりの輸送量が少ないために貨車１両を単位とする省線貨物では割高であり、特に京阪神間のような短距離輸送では効率が悪かった。そこで、無蓋貨車とトラックに積み替えが可能で、特別な荷造りなしにさまざまな少量の物資を輸送できる汎用コンテナを実用化して、自動車輸送や私鉄に対抗しようとしたのである。

日本初の鉄道コンテナは、当時の無蓋貨車と貨物自動車（トラック）のサイズをもとに容積２・３３㎥と決められ、「イ号コンテナ」と名づけられた。当時主力だった15トン積の無蓋車トム５０００形には最大６個のコンテナを搭載でき、コンテナの上部４カ所に吊り手を備えクレーンで積み下ろしする仕組みだった。底部は船底のような形になっており、円筒状のコロを入れることで積み下ろし作業時に人力で移動ができるようにもなっていた。イ号コンテナは試験的に約１００個が製造され、同年5月１日から汐留、品川、八王子、秋葉原、名古屋、梅小路（京都）、梅田、福井、足利、桐生の10駅を発着地として営業を開始した。

当時のコンテナ輸送の料金は、現代と同様、輸送距離と重量に応じた貨物運賃に、集貨・配達料金を加算するというものだった。コンテナの自重は運賃に加算せず、空となったコンテナは即日または翌日午前中までに国鉄に返却するきまりだった。

試験的な営業だったが、少量の貨物を、特別な包装をすることなく戸口から戸口へ運べる「イ号コンテナ」は「通い箱」とも呼ばれて荷主から好評を得た。織物や菓子のほか、書籍、レコード、紙製品、電球、真空管、陶器といった軽くて壊れやすいさまざまな物品の輸送に利用されてゆく。荷造りのコストが軽減されたうえに包装が不要なぶん運賃が安くなる点や、到着地まで積み替えがなく盗難・紛失・破損のリスクが低減されたことが評価された。

一方で、「イ号コンテナ」の利用者にとっては、１トン積の「イ号コンテナ」ですら大きすぎるという問題が生じた。コンテナの主要な荷主は小規模な問屋や工場などだったが、１トンコンテナ１個の輸送量は、織物にすれば１０００反にも達する。最低重量の５００kgでも、当時としてはよほど大きな商店でなければ過大な量だった。また、１トンコンテナの荷役にはクレーンが必要で、取り扱える駅が限定されることも問題だった。

樺太・北海道からの乳製品輸送に活用

そこで、鉄道省運輸局は１９３２（昭和７）年5月に１５０kg積・容積０・４１㎥の「ロ号コンテナ」を２００個試作。東名阪などの六大都市を中心に約２００㎞圏内の駅相互間で有蓋貨車に積んでの試験輸送を開始した。これは内寸が長さ約１ｍ、幅75㎝、深さ55㎝の上面が開く木製コンテナで、自重は72kg。人力による積卸作業が可能と、コンテナとい

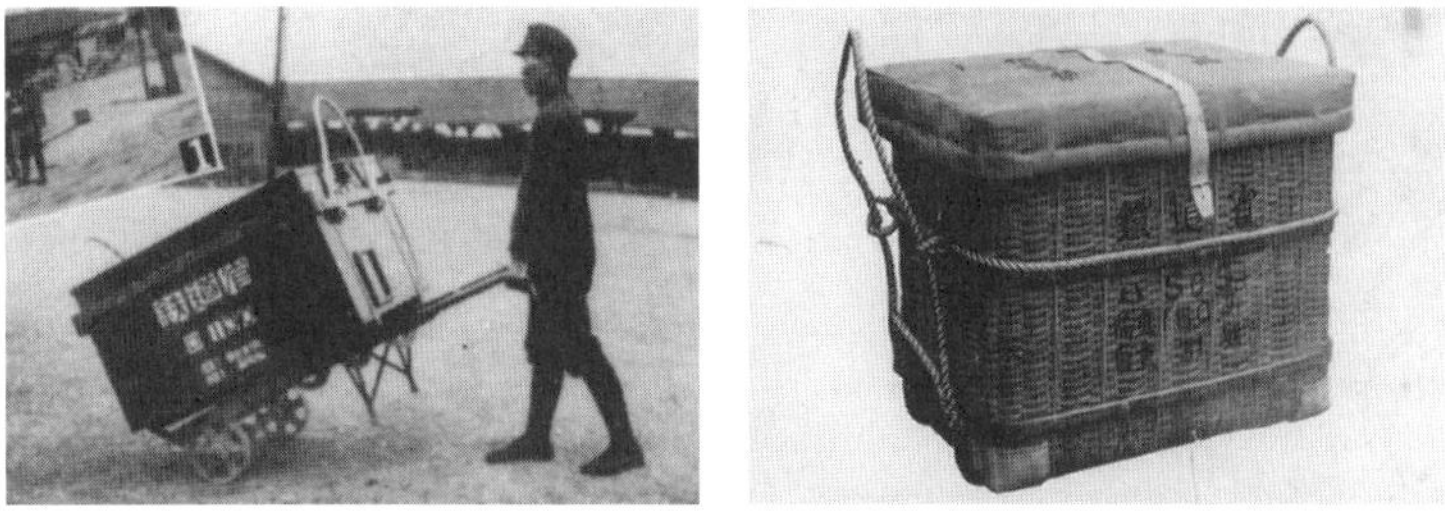

左：手押し車に載せられたロ号コンテナ。右：行李のようなハ号コンテナ。（ともに物流博物館蔵）

うよりは「大きめの木箱」と呼びたくなるようなものだった。現在主流の12フィートコンテナは、標準的な19D形式の場合内部の寸法が長さ３・６４７ｍ、幅２・２７５ｍ、高さ２・２５２ｍで容積18・７㎥だから、ロ号コンテナがいかに小さいかわかる。それでも、零細業者が多かった織物や菓子類の荷主からは評判がよく、まもなく鉄道省は５００個を増備。さらに外寸を一回り小さくしたハ号コンテナを８７０個製作して、１９３５（昭和10）年２月から本格的な運用を開始した。ハ号コンテナは最終的に４４７０個が生産され、戦前のコンテナ輸送はピークを迎えたのである。

　戦前の小型コンテナは、ロットが小さく長距離輸送が難しかった製品を全国に届けるという役割を果たした。また、その小型を活かして、現代の貨物輸送につながる実験も行われている。その一つが、当時日本領だった南樺太で生産されたバターの冷蔵輸送だ。

　南樺太や北海道で生産されたバターは、その多くが東京方面に出荷されていたが、夏期は冷蔵輸送が必須だった。しかし、鉄道省の冷蔵貨車を1両仕立てるには相当量の製品が必要で、長期にわたって作り置きしてから輸送することになり、品質低下を招いていた。

そこで、1932年7月から9月にかけて、鉄道省はロ号コンテナを使ったバターの冷蔵輸送試験を行った。まず内側に綿布団を敷きつめたロ号コンテナに、新聞紙で包んだドライアイス30・5kgと箱詰のバターを入れ、有蓋貨車に積載して品川駅に3日間留置する予備試験を行った。これに良好な結果が得られると、函館本線奈井江駅から秋葉原までの輸送試験、続いて、秋葉原から73kgのドライアイスを発送し、南樺太の豊原でバターを積み込んで秋葉原まで輸送する試験を実施した。秋葉原〜豊原間を10日間かけて往復したロ号コンテナにはなお2・6kgのドライアイスが残存し、92kgのドライアイスはマイナス16度とカチンコチンに凍った状態で神田の冷蔵倉庫まで運ばれた。コンテナが汎用品で密封性に乏しいためドライアイスの消費量が大きいといった問題はあったものの、実験は大成功。鉄道省の小さなコンテナは、北海道・樺太の新鮮な乳製品の直送に道を開いた。

だが、日本はやがて戦争への道を歩み始める。極めて小ロットの輸送に適した鉄道省コンテナだったが、大量輸送を必要とする戦時輸送体制には合わなかった。集貨・配送を行う小運送業者にとっても利益が少なく、十分な協力が得られなくなった。昭和初期の、流通の多様化に合わせて発展しかけた鉄道省の小型コンテナ輸送は、日中戦争が激化していた1939（昭和14）年9月30日をもって廃止。日本の鉄道コンテナ輸送はしばらくの間途絶えることになる。

発展著しい自動車輸送に対抗

鉄道コンテナ輸送が再び動き出すのは、終戦から数年が経過した１９５０年代初頭（昭和20年代半ば）のことだ。１９５１（昭和26）年7月、日本通運が小口輸送の包装・荷役の効率化を目指して、荷重40kg・70kg・１４０kgの3種類のアルミ製小型コンテナを製作したのが始まりといわれる。国鉄も、鮮魚や冷凍魚などの低温輸送を行うため、１９５５（昭和30）年5月から荷重３００kg（10形）と６００kg（20形）のコンテナを試作した。この時点のコンテナは、戦前の鉄道省コンテナと同じ「貨車1両を仕立てるほどではない小口輸送のための汎用箱」という位置づけだった。

この前年から、日本は後に神武景気と呼ばれる景気拡大が始まっていた。この好景気を背景に自動車産業の拡大や道路網の整備が進み、トラックは輸送範囲を大きく広げて鉄道を脅かす存在に成長していく。トラック輸送の強みは、道路さえあれば、どこでも自由に集配できる柔軟性とスピードにあった。

そこで国鉄は、荷主に対して取引の実態や希望についての調査を行い、３トン積の大型コンテナを製造して試行輸送を行うことにした。荷主からは1～2トン積の要望が最も多かったが、1トン積では17トン積無蓋貨車に最大8個しか積載できず非効率。次いで要望が多かった5トン積は、鉄道とトラックの連携を考慮すると最適な大きさだったが、貨物の積み卸し作業を行う荷役機械が大がかりになることと、従来の車扱貨物を侵食する恐れがあるということを理由に、中間の3トン積が選択された。

国鉄が、自動車輸送への対抗として大型コンテナの導入を決めた背景には、「ユニットロードシステム」の登場がある。「ユニットロード」とは、規格化したコンテナやパレットなどの単位にまとめられた貨物のことだ。さまざまな形に包装された貨物を個別に扱うのではなく、コンテナのような規格化されたユニットに収めて輸送すれば、貨車やトラック、荷役装置の規格化と機械化が図れ、効率よく安全に輸送することができるという考え方だ。車扱貨物輸送では、発着駅での荷役で貨物を直接取り扱うので、厳重な荷造りが必要なうえ、貨物ごとに扱い方が異なり大勢の人と手間が必要だった。コンテナのように規格が統一されたユニットに貨物を入れて封印すれば、荷役の手順も統一され、自動車との連携が図れる。輸送中にコンテナを開けることがないから、積荷の破損や盗難の恐れもない。国鉄は、高度経済成長期の入口にあたる１９５５年の時点で、こうした次世代の貨物輸送システムの研究を開始し、鉄道の強みを最大限に活かそうとしていた。一方で、「既存の車扱貨物に影響を与えるから」との理由でコンテナの容量を中途半端な3トンに抑え

左：花王石鹸用タンクコンテナ。1959年12月。右：トラ30000に載せられた3000形コンテナ（映画「トレーラーとのせかえ車」（1958年）より）。（ともに物流博物館蔵）

たのも、「親方日の丸」の国鉄らしい話だった。

　１９５５年10月21日、国鉄は5個試作した３０００形３トン積コンテナの展示会を汐留駅で開催し、日本通運が導入した最新鋭のフォークリフトによる公開積卸作業も行われた。従来のような大勢の職員を必要とせず、たった一人が操作するフォークリフトで、３トンもの貨物を積卸するさまは、まさに未来の荷役作業だった。

　翌１９５６（昭和31）年6月からは、17トン積無蓋車トラ３００００形にコンテナ5個を積載して、汐留～梅田間で試験運行が実施される。試験列車は汐留を18時40分に発車し、梅田に翌朝9時に到着するというダイヤで、このほか汐留～笹島（名古屋）間、笹島～梅田間でも運行された。

　試験列車は問題なく運行されたが、利用者や通運業者からは「3トン積という大きさは使いにくい」という声が上がった。従来の貨物輸送に気兼ねしてわざと小型にしていたのだから、当然の成り行きだった。そこで国鉄は、サイズを５トン積に変更した５０００形コンテナを初のコンテナ専用貨車

現在に至るコンテナ貨物のルーツとなったチキ5000形。

であるチキ５０００形（後のコキ５０００形）とともに試作。この組み合わせが現在の鉄道コンテナ輸送の原型となった。

チキ5000形コンテナ専用貨車

国鉄が本格的なユニットロードシステムとしてコンテナ輸送を開始するにあたり、開発した日本初のコンテナ専用貨車が、１９５９（昭和34）年5月に登場したチキ５０００形だ。当時最新の技術だった鋼板プレス構造のＴＲ63台車、コンテナ積載時と空車時でブレーキ率を変更する積空切替装置を搭載したＡＤ自動空気ブレーキなど、数々の新機軸を取り入れ、5トン積コンテナを最大5個搭載、最高運転時速85㎞を実現した画期的な貨車だった。中央が魚の腹のように膨らんだ魚腹型台枠や、コンテナを固定する緊締装置などの基本構造は、現在ＪＲ貨物が使用しているコキ１００系コンテナ車にも受け継がれている。初号機にしてコンテナ貨車の基礎を完成させた名車だ。１９６０（昭和35）年には、操車場での解結作業が増える地方路線での使用を考慮して、台枠を延長、車端部にデッキと手すりを設けて車上でブレーキ操作を行えるよう改良したチキ５５００形が登場。後にチキ５０００形もチキ５５００形に改造されている。

なお、当時はコンテナ車を表す適切な形式称号がなく、レールなど長尺貨物を積載する長物車を意味する「チ」があてられ「チキ」と称した（キは荷重25トン以上）。その後１９６５（昭和40）年の称号改正でコンテナ貨車に「コ」が割り当てられ、「コキ５５００形」と改称された。

５０００形／６０００形 ５トン積有蓋コンテナ

国鉄初の5トンコンテナとして、チキ５０００形と同時に登場したのが５０００形コンテナだ。全長は３２４０㎜（10・7フィート）と、現在ＪＲ貨物で主流の12フィートコンテナ（全長３７１５㎜）に比べると一回り小さい。１９５９年春に東急車輛と富士重工業でそれぞれ鋼製・アルミ合金製・木製などが試作され、同年5月に緊締装置などを統一した鋼製量産型５１００番代（東急製）、５５００番代（富士重工業製）が完成。それぞれ１６５個ずつ製造された。東急製コンテナが亀甲型にプレス成形した外板を採用したのに対し富士重工業製は平滑な外板を使用し、積載仕様は同じながら印象が大きく異なった。１９６０年には５５００番代をベースに構造を最適化した６０００形コンテナが登場し、５１８０個が量産された。６０００形はチキ５５００形とともに１９８４（昭和59）年まで使用された。

コンテナ専用特急「たから」の運転開始

チキ５０００形と５０００形５トン積コンテナを使用した試験輸送は汎用性が高く、好評だった。コンテナ輸送の優位性を確認した国鉄は、１９５９年11月５日、汐留～梅田間で初のコンテナ専用特急貨物列車「たから」号の運行を開始する。チキ５０００形貨車24両と車掌車を連結した25両編成で、５０００形５トン積コンテナを最大１２０個輸送することができた。

「たから」号は、当時としては珍しい長距離拠点間を直行する貨物列車だった。通常の貨物列車が、操車場で各地から集まった貨車を組成してから出発するのに対し、直行貨物列車は旅客列車と同じように始発駅と終着駅を1本の編成で直通する。「たから」号の最高速度は時速85km、下りは汐留19時35分発・梅田6時30分着、上りは梅田20時40分発・汐留7時35分着で、所要10時間55分、表定速度は時速50・8km。途中駅では乗務員の交代と旅客列車の待避だけを行い、牽引機は汐留〜吹田操車場間を最新鋭の大型電気機関車EH10形、当時非電化だった吹田操車場〜梅田間はD52形蒸気機関車が担当した。コンテナの積み卸しと集配は日本通運をはじめとする通運事業者が担当し、集配区域は駅から最大20km。夕方に発送すれば翌日午前には直接配達された。東名・名神高速道路が全通していないこの時代、これは画期的なスピード集配だった。

コンテナ専用列車たから号のテールマーク。（物流博物館蔵）

近代的な高速輸送システムとしてスタートした鉄道コンテナ輸送だったが、輸送量は伸び悩んだ。その理由の一つは割高な運賃にあった。特に１９６０年７月に車扱貨物の運賃が高価格帯を中心に引き下げられると、相対的にコンテナ運賃は割高になってしまったのだ。そこで、国鉄は翌8月にコンテナ運賃を18・7％値下げし、集配料を含めたトータルコストで約１割の値下げを実施した。これによりコンテナ輸送量は増加に転じ、１９６１（昭和36）年に「第2たから」（汐留〜梅田間）が、１９６４（昭和39）年には「第3たから」（品

左：たから号が荷役中の汐留駅のコンテナホーム。右：大阪コンテナセンターで荷役するフォークリフト。（ともに物流博物館蔵）

川〜梅田間）が増発された。

１９６４年10月1日のダイヤ改正では、東海道新幹線の開業によって東海道本線の輸送力に余裕が生まれ、東京〜大阪間以外にもコンテナ専用列車が増発された。コンテナ取扱駅は地方都市に拡大されて29駅となり、翌１９６５年には全国69駅に増加して取扱区間も１６７区間となった。もっとも、地方の多くの駅はコンテナの荷役に最適化できず、コンテナ輸送の高速性を発揮することができなかった。それでも、季節的な貨物をコンテナで輸送する試みも始まり、弘前〜新宿間でリンゴ輸送、野辺山〜新宿間で野菜輸送、有田〜多治見間でタイル輸送などが行われた。

順調に拡大しているように見えたコンテナ輸送だったが、高速・定時・多品目輸送という本来のポテンシャルを十分に発揮しているとはいえなかった。拠点間を直結するコンテナ専用特急が、東京〜大阪〜九州間の一部列車に留まっていたからだ。大多数のコンテナ貨車は、通常の貨物列車に併結されて、操車場で方面別の仕訳と組成を行っていた。これでは単に荷役が多少楽な貨物列車に過ぎず、コンテナ輸送本来の高速性を発揮することはできない。加えて「発着駅から20km以内」という集配範囲も、東京なら23区内しかカバーされず中途半端だった。

いつ届くのかはっきりせず、集貨・配達を行える地域も貨物駅周辺に限られるのでは、いつでもどこでも電話1本で集貨・配達してくれるトラック輸送にはかなわない。昭和40年代に入って、トラックの大型化と幹線道路の整備が進むと鉄道貨物の立場はますます苦しくなり、特に東京～大阪間の陸上輸送では1日平均輸送量1万5000トンのうち、1万トン以上をトラック輸送が占めるという事態になっていた。

国鉄貨物の救世主・フレートライナーの登場

1968（昭和43）年9月、運輸経済懇談会（運輸大臣に助言する私的諮問組織）は、東京～大阪間に、大量・高速輸送に秀でた鉄道輸送と、近距離・戸口間輸送を得意とするトラック輸送とを結合した、協同一貫輸送サービス「フレートライナー」の運行を提言した。

フレートライナーとは、1950年代にイギリスで提唱された考え方で、「貨物を収納したコンテナを、操車場を経由しない固定編成列車で拠点駅間を直行輸送し、さらにトラックと連携して戸口から戸口までを一貫輸送するサービス」のことだ。鉄道は、中・長距離の大量・高速・定時輸送という特性を活かすことができ、トラックはいつでもどこへでも運べるという機動力と柔軟性を発揮できる。

一見すると、１９５９年にスタートしたコンテナ特急「たから」号が実現したコンテナ直行輸送とそう変わらないように見える。だが、フレートライナーは「拠点駅間を毎日ノンストップで運行する固定編成のコンテナ専用列車で運ぶことを保証」するサービスだ。操車場を経由する一般貨物列車に連結されることはなく、コンテナの目的地到着時刻が明確にわかり、しかも抜群に速かった。

自動車運送事業者との協同一貫輸送サービスであるという点も重要だ。それまでの「コンテナ輸送」では、荷主から貨物を引き受け、責任をもって輸送をするのは国鉄であり、拠点駅から荷主までの集貨と配達は、日本通運のような、運輸大臣から鉄道貨物を取り扱ってもよいと免許された通運事業者（１６４ページ）が下請けのような形で行っているに過ぎなかった。一方、フレートライナーでは、国鉄が通運事業者に委託して集貨・配達する従来の方式に加えて、通運事業者や一般的なトラック運送会社が直接顧客から貨物を引き受け、拠点駅やコンテナ営業所に貨物を持ち込み・引き取る方式も採用された。

貨物を運びたい荷主は、最初から国鉄に輸送を申し込んでもいいし、トラック運送会社に申し込んでもよい。トラック運送会社は、「届け先の近くまでは列車を利用した方が便利だ」と判断すれば、国鉄から借りたコンテナに貨物を積み込んで拠点駅に持ち込み、コンテナ専用列車に載せる。専用列車の運行時刻は公開されているうえ、国鉄にコンテナを預ける時にどの列車に載せるか指定もできるので、到着時刻は確実にわかる。届け先近くの拠点駅に到着したら、再びコンテナを引き受けて着荷主のところへ届ける。長距離移動の途中で渋滞したり、運転手が具合を悪くして遅れることもない。鉄道と自動車が対等な立場となり、それぞれの長所を活かせる物流システム、それがフレートライナー構想だった。将来的には、全国にフレートライナー専用のコンテナターミナルを整備し、安価で迅速、かつ荷崩れの少ない高品質な物流サービスを提供するとされた。

この構想に基づき、国鉄は1978（昭和53）年度までに全国にフレートライナー網を整備するビジョンを作成し、手始めとして1969（昭和44）年4月25日から東京〜大阪間でフレートライナー、通称「東海道ライナー」の運行を開始した。

最新鋭の機関車と車両を投入した「東海道ライナー」

設定された東海道ライナーは、「フレートライナー1〜10号」の1日5往復。いずれも

左：東海道フレートライナー開業の立て看板。中：国鉄C10形5トンコンテナをわずかに拡大したC11形。右：フレートライナー用の10トンコンテナ、C901（中・右は国鉄のパンフレット（1978年）より）。（3点とも物流博物館蔵）

夕方から夜にかけて出発し、途中駅で貨物の取扱を行うことなく翌朝目的地に到着するダイヤで、汐留〜梅田間に4往復、田端操〜百済間に1往復が設定された。コンテナは、5トンコンテナに加えて新たに10トンコンテナを開発。これは船舶による海上コンテナ輸送の普及を見据え、国際規格であるＩＳＯ規格に準拠した大型コンテナとして開発されたものだ。車両はコキ５５００形のほか、１９６６（昭和41）年に登場した空気ばね台車搭載・時速１００km運転対応のコキ１００００形・コキフ１００００形、それに10トンコンテナの積載に対応した新開発コキ１９０００形を使用し、中でも出発が遅い5〜8号の2往復については、全車時速１００km運転対応貨車で編成を組成した。

　機関車は、１９６８年に量産車が登場し、狭軌鉄道として当時最大となる３９００kWの出力を誇るＥＦ66形電気機関車を充当。最速の「フレートライナー5号」は汐留駅を22時18分に発車し、梅田には翌朝7時09分に到着、所要8時間51分、表定速度は時速62・７kmと、従来11時間を要していた「たから」から大幅なスピードアップを果たした。当時東京〜姫路間で運行されていた下り夜行急行「銀河２号」が東京22時40分発、大阪７時51分着だったから、「フレートライナー」は旅客列車並みのスピードを実現していたのである。

１号	汐留	19時11分→５時24分梅田	時速85km	２号	梅田18時44分→５時31分汐留	時速85km
３号	汐留	20時35分→６時55分梅田	時速85km	４号	梅田20時46分→７時42分汐留	時速85km
５号	汐留	22時18分→７時09分梅田	時速100km	６号	梅田21時49分→６時46分汐留	時速100km
７号	汐留	23時32分→８時43分梅田	時速100km	８号	梅田22時30分→８時10分汐留	時速100km
９号	田端操	18時50分→７時04分百済	時速85km	10号	百済19時09分→７時37分田端操	時速85km

運賃が明快であることも、フレートライナーの特色だった。標準的な５トンコンテナ１個の場合、汐留〜梅田間の運賃は１万３５００円。国鉄の責任で行う、拠点駅から30km以内の集貨・配達料金はそれぞれ３０００円だ。出発駅に持ち込み、目的地駅で受け取る駅扱の場合は１万３５００円、集貨と配達どちらかを依頼する場合は１万６５００円、集貨・配達両方とも依頼する場合は１万９５００円というわけだ。それまでのコンテナは、集貨・配達が拠点駅から20km以内だったうえに、集貨・配達区域がそれぞれ５kmごとに４区域に細分化されて区域ごとに集配料金が設定されていた。単に集配料金の計算が煩雑であるだ

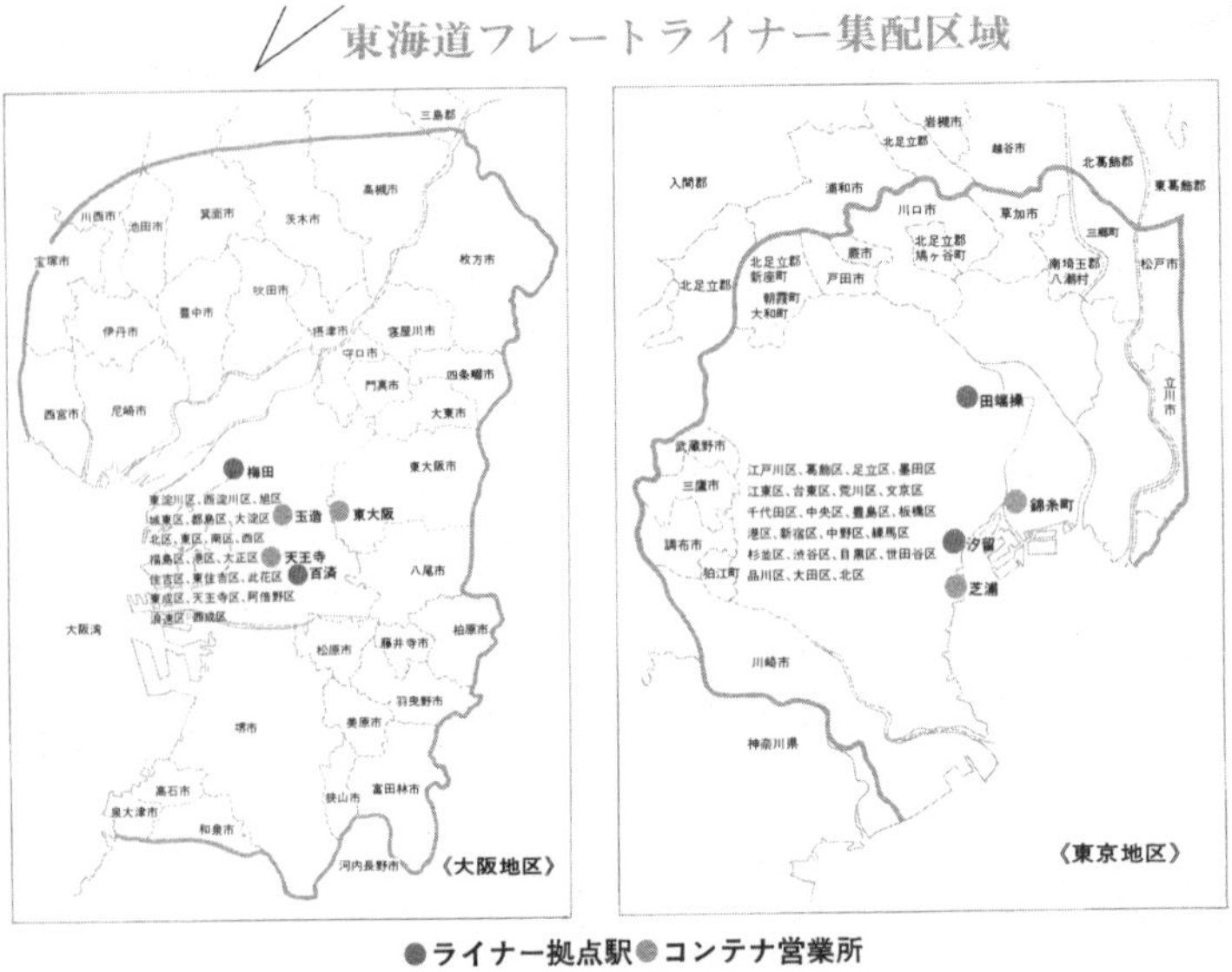

東海道フレートライナーの集配区域。東京のライナー拠点駅は田端操と汐留、大阪は梅田と百済。東京のコンテナ営業所は錦糸町と芝浦、大阪は東大阪・玉造・天王寺。（国鉄のパンフレットより。物流博物館蔵）

けでなく、例えば東京から大阪に貨物を送った時は貨物列車が汐留駅から発車したのに、大阪から東京へ送った時には新宿駅に到着して集配料金が変わるといった矛盾が起こり得た。これが集配1回につき3000円と一律料金となったおかげで格段に分かりやすくなり、さらに集配地域によっては従来よりも運賃が値下げとなったのである。なお、10トンコンテナは国鉄では集配を行わず、駅扱2万4000円のみとされた。

フレートライナーの運行開始にあたっては、東京の錦糸町と芝浦、大阪の玉造・天王寺・東

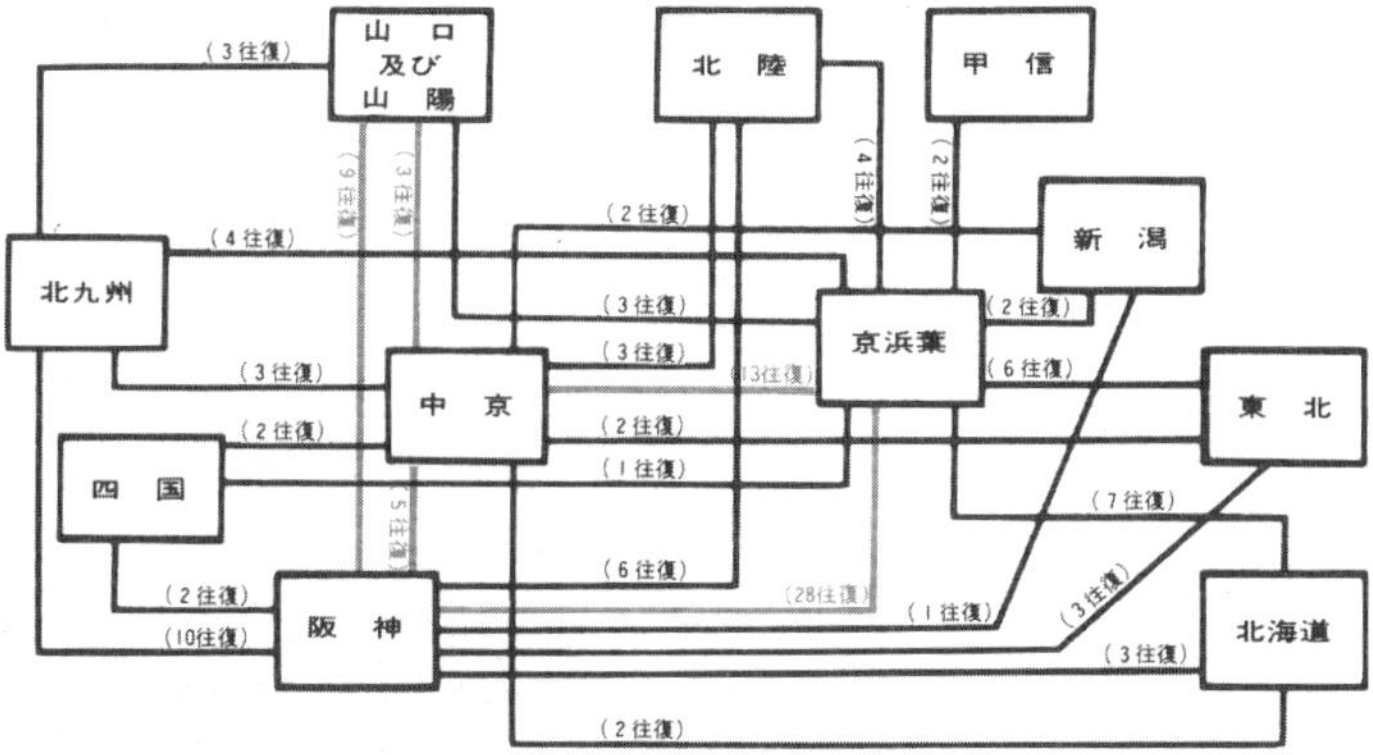

昭和53年度フレートライナー網計画図。北海道から四国・北九州まで網羅。「1日平均129往復」と記載されている。（国鉄のパンフレットより。物流博物館蔵）

大阪の計5カ所には新たに「コンテナ営業所」が設置された。東海道ライナーは主に汐留駅と梅田駅から発着したが、どちらも従来からの貨物取扱量が多く、コンテナ処理能力が不足していた。そこで、手狭な拠点駅の機能を補い、同時にコンテナ営業の窓口を増やすため、専門の営業所が設置されたのだ。

これに関連して、国鉄と通運業界の共同出資によって日本フレートライナー株式会社が設立された。コンテナ営業所に持ち込まれた貨物は国鉄の責任で拠点駅にトラックで移送される。日本フレートライナーは、この移送作業と、コンテナの積卸作業を行った。荷主から見た場合、コンテナ営業所は国鉄貨物駅と同等の存在であり、国鉄は解結貨物列車の代わりに日本フレートライナーのトラックでコンテナを拠点駅に運んだ。日本フレートライナーはフレートライナー網の拡大とともに全国に営業所を展開し、現在もＪＲ貨物グループの一員としてコンテナの集配業務やコンテナを利用する運送会社のサポートなどを行っている。

こうして運行が開始されたフレートライナーは、出だしこそ自動車側の体制が整わず苦戦したものの、夏場を迎える頃には東京〜大阪間のコンテナ取扱量がコンスタントに前年比50〜60％増を記録するなど順調に拡大した。主な貨物は、引越し荷物や家具類、プラスチック製品、紙製品、工業薬品、雑誌・書籍、菓子類など。１９６９年10月には汐留〜笹島（名古屋）間、１９７０（昭和45）年4月には品川〜浜小倉・博多港間での運行が始まり、特に東京・北九州間のフレートライナーは初日から上下ともほぼ満載というスタートを見せた。

便利にはなったが新規顧客の開拓に苦しむ

フレートライナーで、東京の三鷹市から大阪の堺市へ、貨物を送る流れを見てみよう。貨物を送りたい荷主は、まず国鉄か通運事業者の窓口に電話をする。従来のコンテナ輸送では東京23区内しか集貨の対象地域でなかったが、フレートライナーでは三鷹市も30㎞圏内の集配地域に含まれるので、５トンまで３０００円で集貨に来てくれる（戸口扱）。夕方までに集貨されれば、その日の晩のフレートライナーで発送可能だ。フレートライナーの最終便（7号）は汐留駅発23時32分。20時35分発が最終だった特急「たから」時代よりも3時間も繰り下がり、夕方の集貨でも十分当日発送に間に合うようになった。貨物をコンテナへ積み込む作業は、国鉄（に委託された通運事業者）がやってくれる。コンテナは内側が木張りになっており積荷を傷つけにくいので、事前に特別な荷造りは必要ない。

　自動車輸送会社や荷主自身が駅に直接持ち込み、引き取ることもできる（駅扱）。この場合、コンテナへの積込みは荷主自身が行うので、事前に国鉄から空のコンテナを受け取っておく。発送前日か当日に受け取れば無料だが、それ以前に受け取った場合は１日５００円（10トンコンテナは１０００円）のコンテナ保管料が必要だ。駅や営業所に持ち込まれたコンテナは、国鉄職員が中身を確認して鍵をかけ、フォークリフトでフレートライナーに積み込まれる。「フレートライナー7号」は22時30分にコンテナ積込み線から出発線に移るので、発送手続きと積込みはそれ以前に終了している必要がある。積込み作業自体は、わずか数分だ。なお、どの列車で運ぶかは、コンテナ貨車の枠が空いている限り荷主の方で指定できる。

　汐留駅を発車した「フレートライナー7号」は、夜通し東海道本線を走り、翌朝8時43分に梅田駅に到着する。最初に着発線と呼ばれるエリアに到着したコンテナ貨車が、簡単な検査を受けて荷役作業を行う荷役線に入線するのは9時30分。コンテナはその場でトラックに積み替えられ、通常15時まで、道路が渋滞してもその日のうちに堺市の目的地に配達される。梅田5時24分着の「フレートライナー1号」などもっと早い列車なら、午前中の配達が原則だ。荷主のほうで配達日時を指定することもできた。この場合、梅田駅到着の翌日までは無料だが、翌々日以降の場合は保管料がかかった。配達先で通運事業者の職員がコンテナを開封すると輸送完了だ。駅扱の場合は、駅やコンテナ営業所で開封・確認した時点で輸送完了となり、コンテナごと着荷主に引き渡す。受け取ったコンテナは原則として翌日までに返却する決まりだ。運賃は、集配料込みで1万９５００円。現在の物価に直すと6〜7万円くらいに相当する。現在東京〜大阪間でコンテナを送るとだいたい7万円ほどなので、同じくらいの感覚だ。国鉄フレートライナーは誕生当初から、現在でも通用するスピードと価格競争力を備えていた。

　もっとも、手放しで喜べる状況だったわけではない。フレートライナー運行開始に合わせて新開発した10トンコンテナは、初年度については期待したような成果を得られなかった。10トンコンテナを運送するトラックの整備が追いついていなかったからだ。また、利用者の92%が集貨・配達つきの戸口扱を選択し、駅扱は4・4%に留まった。一見、便利なドアツードアが選択されたように見えるが、フレートライナーが初めて実現した、一般的なトラック運送会社がコンテナを直接駅に持ち込んで発送するケースが少なかったことを意味する。東京〜大阪間で定期的なトラック輸送を行ってきた自動車輸送会社は、フレートライナーに興味を示さなかったのだ。この年の5月26日に東名高速道路が全線開通し、東京～大阪間はフレートライナーよりも高速道路経由のトラックのほうが速かった。フレートライナーの「好調なスタート」は、従来からの国鉄貨物の顧客にとって、これまでよりも多少便利になった結果に過ぎなかった。

東京～岡山間の距離が生んだ私有コンテナ専用ライナー

状況が変化するのは、運行開始から1年を経た１９７０年の後半からだ。この年の6月、国鉄は利用者が製作・保有できる「私有コンテナ」を認めることにした。タンクやホッパといった特殊な用途のコンテナは、国鉄が画一的に開発するよりも、技術的なノウハウのある利用者が開発・管理した方が品質を高められる。コンテナの持ち出し・返却といった手続きが不要となり運用効率も改善する。こうした理由から、特殊コンテナと10トンコンテナに限って私有を認めたのである。

この結果、石油化学製品用や生牛乳用のタンクコンテナ、樹脂類用ホッパコンテナ、冷蔵コンテナなどさまざまな私有コンテナが登場した。同時に、トラック運送会社が10トンコンテナを保有するケースも急速に増加した。トラック運送会社にとって、自社の都合に

私有の10トンコンテナ。日本通運が所有する有蓋のUC5形（右）と無蓋のUM5形（左）。（物流博物館蔵）

合わせて自由に使える大容量の私有10トンコンテナは待ちに待った存在だった。

1970年10月、隅田川～西岡山間で「山陽ライナー」が運行を開始した。この列車は、隅田川駅を深夜1時10分に発車し、西岡山駅に翌日の16時43分に到着する。この頃はまだ中国・山陽自動車道の開通前で、長距離トラックの運転手不足も深刻だったため、「山陽ライナー」の所要15時間33分は長距離トラックに対してアドバンテージがあった。ただし、荷役作業が始まるのは17時20分以降なので、戸口扱いでは配達が翌日になってしまい利点を発揮できない。そこで、西岡山駅は駅扱いのみとし、「山陽ライナー」は福山通運を中心とする路線トラック事業者（認可された区間を定期的に運行されるトラック便の事業者）による駅扱いに特化した列車となった。路線トラック事業者は私有10トンコンテナを使用し、西岡山駅で「山陽ライナー」と直接連携した。「山陽ライナー」は輸送力「５トンコンテナ97個」に対し、換算80個（実数40個）を占めるなど事実上の私有10トンコンテナ専用列車となり、協同一貫輸送のあるべき姿として物流業界の話題となった。

　フレートライナーでは、６０００形の後継として１９６６年に登場したＣ10形コンテナが主に使用されていたが、ＩＳＯ規格に準拠した10トンコンテナが増えてくると、両者を共用した際の貨車積載効率の悪さが問題になった。Ｃ10形は１トンあたりの容積がトラックよりも小さく、輸送効率の悪さも課題だった。そこで１９７１（昭和46）年に量産化されたコンテナが、Ｃ20形だ。長さを従来の10フィートから12フィートに延長し、室内容積は従来の14・３㎥から17・０㎥に拡大。１トンあたりの容積はトラック並みの３・４㎥とした。同時に、Ｃ20形コンテナを５個または10トンコンテナ３個を積載可能で最高時速95㎞に対応した、コキ５００００形コンテナ車も開発された。容積が大きくなったＣ20形は利用者から好評を得て、国鉄はＣ10形式コンテナからの取替とコキ５５００形をＣ20形の積載に対応させる改造を進めた。Ｃ20形コンテナとコキ５００００形コンテナ車は国鉄フレートライナーの標準装備となり、Ｃ20形コンテナは１９８０（昭和55）年までに国内最多の３万５９３４個が製造された。

コンテナ専用ターミナルの誕生

こうして、輸送体制が定まったフレートライナーは全国へ運転区間の拡大が進められ、１９７１年度には年間取扱量が１０００万トンを突破。１９７３（昭和48）年10月には北は札幌から南は博多まで、１１１本のフレートライナーが運行されるに至った。フレートライナー以外では、１９７１年２月から日本・韓国間の国鉄コンテナ輸送が始まり、同年７月には神戸港〜西名古屋港間に国際海上コンテナ専用の直行列車が運行されるなど、コンテナは物流の要としての地位を固めていった。

１９７３年４月１日、武蔵野線の開業とともに越谷貨物ターミナル駅と新座貨物ターミナル駅がコンテナ専用駅として開業。10月１日には、大井ふ頭に本格的コンテナ拠点駅として東京貨物ターミナル駅が開業する。

東京貨物ターミナル駅は、明治時代から使われてきた手狭な汐留駅からコンテナ機能を独立させ、トラックとの協同一貫輸送に最適化されたターミナルだ。元は東海道新幹線の貨物基地を想定して確保された土地で、１１５万㎡の広大な埋立地に３３５億円をかけて整備された。貨物列車が発着する着発線と荷役作業を行う荷役線を直列に配置し（シリーズ配線）、入換作業が最小限で済むよう設計されている。荷役線は、５５０ｍ１３００トン対応とフレートライナー１編成がそのまま入れる規模をもち、トラックやフォークリフトの往来やコンテナの置き場も十分に確保された。開業時に使用された荷役線は2面3線で、塩浜操駅（現・川崎貨物駅）方面への貨物新線も暫定開業だったが、１９７９（昭和54）年10月に6面11線が完成、全面開業を果たした。

東京貨物ターミナル駅の大きな特徴は、トラックの動きが最適化されたことだ。構内は原則として一方通行で、入場門から入ったトラックは、まず自分が積卸作業を行う位置（番地）を指示される。すでに列車が入線していて指定番地が空いていれば直行し、まだ作業が行えない場合はトラックプールで待機する。指定番地に到着したら、確認のうえフォークリフトやクレーンを使ってコンテナの積卸作業を行い、作業終了後は出場門への車線を通って出場する。

東京貨物ターミナルの着発線と荷役線の位置関係。すべての列車は南側（図の下側）から出入りする。（地理院地図より）

フレートライナーに最適化されたコンテナターミナルは、東京のほか太平洋ベルト地帯をカバーする形で名古屋の八田、大阪の鳥飼、福岡の箱崎港にも計画され、それぞれ名古屋貨物ターミナル（１９８０年）、大阪貨物ターミナル（１９８２年）、福岡貨物ターミナル（１９７５年）として開業した。

コンテナ情報システムＥＰＯＣＳの実用化

コンテナ専用ターミナルの建設と並行して進められたのが、コンテナ輸送をコンピュータで管理する情報システムの開発だ。コンテナ輸送が始まった１９５９年当時、コンテナの輸送量はごくわずかで、コンテナをどの列車にいくつ、何を載せて発送したかといった情報は、駅同士で電話で連絡していた。だが、コンテナの取扱量が１日１０００個を超えて運行列車も増えてくると、電話ではとても追いつかなくなる。どの駅にコンテナとコンテナ貨車がいくつあって、どういう状態にあるかということがわからないので、直前にならないと荷主の希望通りに発送できるかわからない。配送作業も、コンテナが到着してからトラックを調整するという状態だった。このため、１９６０年代後半になると、コンテナと貨車の動きをコンピュータで管理する研究が始められた。

１９６７（昭和42）年10月、コンテナの情報処理に初めてコンピュータが導入された。最初のシステムはごくごく原始的なものだ。各駅から毎日「コンテナをいくつ、どこへ発送したか」「現在その駅にコンテナはいくつあるか」という情報が電話などで地域ごとの情報局に通知され、紙テープにパンチされて電信回線で東京に集められる。このデータにより「現在各駅にコンテナが何個あって、貨物列車で移動中のコンテナが何個あるか」が把握された。１９７０年10月には、「特殊コンテナがいくつ動いているか」「各列車にコンテナがいくつ積載されているか」といった情報も把握できるようになったが、「今日この駅から発送されたということは通常何日で目的地に着くはず」という予測に過ぎなかったため、列車に遅れや運休が生じると機能しなかった。

フレートライナーの運行が始まり、コンテナ輸送がより複雑化すると、本格的な情報処理システムの開発が求められた。１９７１年７月、国鉄はすでに実用化されていた地域間急行貨物情報システム（57ページ）を応用した、コンテナ貨物情報システムの試行を開始した。発駅でコンテナ貨車にコンテナの積載が完了すると、列車の編成とコンテナの積載順序をコンピュータに入力。すると、「○○列車は何両編成で、これだけのコンテナをこの順番で連結して発車した」という情報が着駅に通知される。着駅では、この情報をもとに通運事業者が集貨・配達計画を作成し、着荷主に到着予定日時を案内する。データはすべて本社や各鉄道管理局のホストコンピュータにも送られ、コンテナと貨車の全国の動きが把握された。

　このシステムは、品川〜浜小倉・博多港間、隅田川〜西岡山間の４列車で１年あまりにわたって試行され、その実績をもとに本格的な情報システムの開発が進められた。そうして、１９７６（昭和51）年２月に実用化されたのがコンテナ情報システム「ＥＰＯＣＳ」（エポックス：Effectual Planning and Operation of Container System）だ。

　試行システムが、基本的にコンテナ列車の編成と積載順序のみをやり取りしたのに対し、ＥＰＯＣＳはコンテナ輸送に関するあらゆる情報を処理するシステムだ。運送の予約申込は１週間前から可能で、申込内容を入力すると、コンテナと貨車の流動状況から最適な輸送ルート、到着予想日時、運賃料金、輸送余力、集貨・配達の内容といった情報が即座に通知される。発駅では、コンテナ列車の編成と各コンテナの位置と積載内容が入力され、ホストコンピュータを介して着駅に出力される。着駅にコンテナ列車が到着すると、発駅からの積載通報をもとに内容を確認し、到着報告を入力。集配作業に必要な情報も出力される。駅内にある未配達コンテナの状況や運休などの障害情報も随時入力されてシステムに反映された。

　取扱駅16駅、列車本数16本でスタートしたＥＰＯＣＳは、１９７８年12月に取扱駅を58駅、対象列車を80本に拡大して本格稼働を開始。その後、トラックで移動するコンテナの状態把握や、駅構内にある空コンテナの実態把握といった機能が追加され、国鉄最後のダイヤ改正となった１９８６（昭和61）年11月に、すべてのコンテナ取扱駅への端末設置が完了。全コンテナのコンピュータ処理が達成された。ＥＰＯＣＳはＪＲ貨物に引き継がれ、１９９４（平成６）年に次世代コンテナ情報システム「ＦＲＥＮＳ」が導入されるまで使用された。

〝国鉄離れ〟に苦しんだ昭和50年代

登場以来、運行区間と輸送量の拡大を続けてきたフレートライナーとコンテナ輸送だったが、昭和40年代後半になると、勢いに陰りが見え始める。オイルショックに端を発する景気低迷や自動車輸送の拡大などの影響により、１９７３年度の１３８４万３０００トンをピークに輸送量が減少に転じたのである。

１９７４（昭和49）年10月、国鉄は国会の承認を経て８年ぶりの運賃改定を実施した。フレートライナーについては、それまで運行区間ごとに設定されていた運賃を距離と重量に応じて算出する方式に改め、同時に最高時速95㎞以上の貨車を使用するフレートライナーについて、貨物運賃の５％に相当するフレートライナー料金を設定した。しかし、この時国鉄はコンテナ運賃についても23・７％という大幅な値上げを伴っており、フレートライナー料金は荷主からの不評を買った。フレートライナーは、トラック輸送と比較して所要時間が特に短いわけではない。それなのに、通常の列車よりも多少速度が速いからと特別料金を設定するのは、顧客を無視した施策だった。さらに１９７５（昭和50）年11月の労働組合によるスト権スト、１９７６年11月の運賃58％値上げなど、ストライキや運賃の大幅値上げが相次ぐと、輸送量の落ち込みに拍車がかかる。１９７７（昭和52）年度は前年比87％と記録的な落ち込みを見せた。貨物全体を見ても、この年の輸送トンキロ（輸送した貨物の重量×輸送した距離）は４０５・９億トンキロで、ピークだった１９７０年度の６２４・4億トンキロから35％も減少してしまっていた。

この状況に対する国鉄の判断は、輸送網の見直しによる合理化だった。これまで輸送量が減少しても列車本数を維持してきたのを改め、列車を削減したのである。１９７８年10月2日のダイヤ改正で、フレートライナーは１１４本から84本に削減。最高時速１００kmの高速コンテナ列車の一部を95km列車とする代わりに、１列車あたりの積載量を79個から98個に増やし、併結列車や停車駅を増やして輸送力を維持した。スピードと利便性を犠牲にして、輸送力の帳尻を合わせたのだ。一方で、組合によるストライキや運賃値上げは毎年のように行われ、トラック運送会社の利用は大幅に減少した。このため、不評だったフレートライナー料金は１９７８年7月に設定からわずか4年足らずで廃止された。

１９８０（昭和55）年10月1日のダイヤ改正は、１９７８年に引き続き貨物輸送を大幅に縮小するものだったが、コンテナ輸送は今後成長が見込める分野として輸送体系の再編成が図られた。それまでは、主要拠点間はフレートライナーが結んでいたものの、操車場を経由する集結輸送系のコンテナ列車が全国に残っており、「速くて到着日時がわかるコンテナ輸送」と「遅くていつ届くかわからないコンテナ輸送」が混在していた。これを、輸送量の９割を占める全国73カ所の主要コンテナ駅を結ぶ高速・直行コンテナ列車と、主要コンテナ駅から周辺駅へ中継する集配列車の２本立てに改めたのである。フレートライナー料金が廃止されたうえ、主要路線の列車はすべて「フレートライナー」並みの高速・直行列車となったことから、11年間使われて来た「フレートライナー」の名称は廃止された。続く１９８２（昭和57）年11月改正では、コンテナ列車の増発や大幅なスピードアップを図り、主要区間ごとの運賃も復活させて利便性を向上させたが、同年春に４年連続となる運賃引き上げを実施したこともあり輸送量は急激に落ち込んだ。この年のコンテナ輸送量は１９７３年度以降最低の９０３万７０００トンを記録し、国鉄貨物全体の輸送トンキロも３０２・５億トンキロと１９７０年度の半分以下にまで縮小したのである。国鉄貨物は、いよいよ存亡の危機に立たされた。

引越しに最適だった国鉄コンテナ

コンテナの顧客は企業などの法人が主流だが、個人を対象としたサービスもある。その代表格が引越しだ。

引越し荷物の輸送は、１９５９年にコンテナ特急「たから」が登場した頃から始まった。それまでの引越しは長距離の場合有蓋貨車を利用することが多く、一般家庭には大きすぎる上、積み替え時などに荷崩れが発生した。現在のように引越し専門業者もなく、厳重に荷造りをしても、ある程度家具が傷つくのはやむを得ないと割り切る必要があった。

一方、国鉄の5トンコンテナは内部がだいたい四畳半ほどの広さで、標準的な四人家族、２ＤＫ程度の家具がぴったり収まる。コンテナは内部が木張りになっていることから積荷を傷めにくく、ごく簡単な荷造りでも積載できる点、コンテナごと貨物駅や営業所で保管できるので、仕事や家庭の都合で引越し日が前後するといった事態に対応しやすい点も引越しに適していた。

国鉄が、個人を対象にした引越しコンテナのキャンペーンを初めて行ったのは、１９６７年のことだ。当時のコンテナの色に合わせて「みどりの引越し」と銘打ち、国鉄本社や主要駅に実物のコンテナを展示して販売促進活動を行った。１９６５年にスタートした指定券販売窓口「みどりの窓口」が定着してきた時期で、みどりの窓口にあやかったネーミングだろう。当時日本は高度経済成長期のただ中にあり、会社員の転勤などによる引越しが増えていた。「みどりの引越し」キャンペーンは、都内では多い日で1日３００件を超える引き合いがあったという。

この頃、国鉄が1年間に取り扱った引越しコンテナは約17万個（１９７１年度）。年間10～12万世帯程度が引越しにコンテナを利用していた計算だ。ところが、オイルショックによる景気低迷によって物流が停滞すると、それまで「引越し荷物は手数ばかりかかってもうからない」と避けていた自動車運送業者が続々と引越し市場に参入。１９７８年には、全国トラック協会と都道府県トラック協会が、運送料金に加えて荷造りなどの諸費用まで明示した「さわやか引越し」パンフレットを作成し、大攻勢を仕掛けた。これに対し国鉄も、市販の時刻表に主要都市間のコンテナ料金を掲載したり、夏期を中心に「引越しコンテナ強化週間」と称する販売促進キャンペーンを展開したりして対抗した。夏期に販促キャンペーンを行ったのは、コンテナ輸送の閑散期であることに加え、春の異動で単身赴任を始めた会社員が夏休みを利用して家族を呼び寄せるケースが多く、引越し業界では春につぐハイシーズンだったからだ。

誘致運動では、全国の主要駅や駅前広場、繁華街などに引越相談所を設置して、通運事業者と協同で引越しの相談を受けつけた。ラクダが家財道具を背負っている写真に「日本では、コンテナ。」とのキャッチコピーをつけたユーモアあるポスターを作成したり、引越し需要のありそうな団地や企業に配布するため、「コンテナ引越し百科手帳」と題したパンフレットを作成したりといった、さまざまな販促活動が行われた。中には、国鉄職員と通運事業者社員で宣伝キャラバン隊を結成し、繁華街を練り歩いた事例もあった。

　こうしたキャンペーンは、国鉄のお堅いイメージを多少和らげる効果はあったものの、輸送量にインパクトを与えるほどの結果はもたらさなかった。相次ぐ運賃値上げによる「国鉄離れ」も手伝って、１９７９年度の引越しコンテナ取扱量は約12万個まで減少。１９８０年度のコンテナ輸送量は９９５・５万トンとついに１０００万トンを割り込み、１９８２年まで大幅な減少傾向が続くのである。

　一方で、国鉄と共に販促キャンペーンを行った通運事業者にとっては、引越しコンテナキャンペーンは個人の新規顧客と接点を持つ貴重な場となった。通運事業者最大手の日本通運は、引越しに強い物流会社として市民の認知度を高め、今でも「引越しは日通」というキャッチフレーズを使用するほど定着している。

スーパーライナーの登場により東京〜大阪間は6時間台へ

１９８４（昭和59）年2月1日のダイヤ改正で、国鉄はそれまでの集結輸送方式を全廃し、コンテナ輸送と物資別直行輸送を中心とした拠点間直行輸送に転換した。貨物輸送は危機に瀕していたが、赤字はほとんどが時代に合わなくなった集結輸送方式のコストから発生しており、コンテナ輸送は１９８３年度から輸送量が回復して利益を確保していた。コンテナ列車は１３７本から22本増発されて１５９本となり、全国69の主要駅を結ぶ高速コンテナ列車を軸に、主要駅と58の中小取扱駅を集配列車で結ぶ形になった。この中小取扱駅は、その後徐々に縮小されて、１９８６年には13カ所が「コンテナセンター」となる。これは集配列車(解結貨物列車を再編したもの)を廃止する代わりに主要駅との間をトラックで結ぶ施設で、現在のオフレールステーション（ＯＲＳ）の母体となった。また、１９８４年3月末には戸口扱が廃止された。

　集結輸送方式の全廃に伴い、米やじゃがいも、玉ねぎなどの農産物、肥料、紙製品、食料工業品など、それまで車扱貨物で運ばれていたものがコンテナ輸送に転換された。これは、有蓋貨車で運んでいたものを単にコンテナに詰め替えればよいわけではない。コンテナ輸送は、貨物の重量ではなくコンテナ単位で運賃が決められていたが、そのまま転換すると、嵩張るけれど軽い貨物の運賃が不利になってしまう。そこで、１９８３年11月から、50品目の軽量貨物に対してコンテナ運賃を7～10％割り引く制度が導入された。

　１９８６年11月１日、国鉄最後となったダイヤ改正では、最高時速95㎞のコキ５００００形をベースに、自動空気ブレーキの伝達速度を改良して時速１００㎞運転に対応したコキ５００００形２５００００番代が投入され、東京貨物ターミナルと梅田・東福山・福岡貨物ターミナルの３駅との間に最高運転時速１００㎞の高速貨物列車「スーパーライナー」が登場した。東京貨物ターミナル～梅田間は貨物列車として初めて７時間を切って６時間59分で結ばれ、表定速度は時速79・３㎞を記録した。

スーパーライナーの運行時刻

51列車　東京貨タ22時50分→５時49分　梅田	50列車　梅田　22時20分→５時19分　東京貨タ
53列車　東京貨タ23時41分→９時58分　東福山	52列車　岡山(操)21時26分→７時27分　東京貨タ
55列車　東京貨タ０時04分→17時53分　福岡貨タ	54列車　福岡貨タ１時28分→18時53分　東京貨タ

その他の高速コンテナ列車についても運行時刻や拠点駅での入出線時刻などが見直され、86本の列車の運転時間が短縮された。そのうち44本は１時間以上短縮し、１列車あたり平均80分という大幅なスピードアップを果たした。

車扱列車のコンテナ転換も完成の域に入り、国鉄貨物のエースとして活躍した「とびうお」などの鮮魚輸送列車（１５２ページ）も、冷蔵コンテナを使用して高速コンテナ列車に組み込まれた。コンテナ専用列車は１８２本となり、国鉄で運行される貨物列車の列車キロ（全列車の延べ運行距離）の60％をコンテナ列車が占めるようになった。コンテナ輸送が主役となった国鉄貨物は、１９８７（昭和62）年4月1日に発足したＪＲ貨物に引き継がれる。ＪＲ化後のコンテナ輸送は、地方路線の列車がトラック化されるなど合理化が進められたが、２０２２年の時点で全国には３３１本のコンテナ列車が設定されている。

第4章 「公共性」の名の下に似たような制度が混在 小口扱貨物と小口混載貨物

複数あった国鉄の少量貨物サービス

車扱輸送は、貨車を1両単位で借り切って輸送する仕組みだが、それよりも少ない貨物、つまり数十kgから数トン程度の貨物を輸送したい荷主も大勢いる。こうした少量貨物に対応する国鉄の輸送サービスには、「小口扱貨物」「小口混載貨物」「手小荷物」の3種類があった。このうち、「手小荷物」は鉄道の乗客が持ちきれない荷物を別送したり、20kg程度までの小さな荷物を送ったりするときに利用するサービスで、貨物ではなく旅客サービスの一つだった（１９８ページ）。

「小口扱貨物」、通称「小口扱」は、貨車1両を仕立てるまでもない量の貨物について、貨物を預かるところから積卸、輸送、引渡までをすべて国鉄の責任で行うサービスだ。集荷・配達などの作業は日本通運をはじめとする通運事業者（１６４ページ）に委託して行い、１９６４（昭和39）年の時点では1個あたり3トン（または5㎥）、1回の輸送申込につき合計４トン（または10㎥）までの貨物を運ぶことができた。荷主から運賃を受け取るのは国鉄であり、通運事業者の収益は国鉄から受け取る賃率（料金）だった。

「小口混載貨物」は、通運事業者が顧客から貨物を集めて行先別に取りまとめ、国鉄から貨車を借り切って輸送するサービスだ。荷主から運賃を受け取るのは通運事業者。国鉄にとっては、通運事業者を荷主とする車扱輸送であり、通運事業者から所定の車扱運賃を受け取った。荷主から受け取った運賃と国鉄に支払う車扱運賃の差額が、通運事業者の収益だ。

鉄道輸送が苦手としながらも「大切な仕事」だった小口扱貨物

どちらも「通運事業者が集荷と配達を行い、国鉄の貨物列車で運送する小口貨物の運送サービス」だ。しかしこの二つには大きな違いがあった。それは、「顧客に対して責任を持つのは国鉄か、通運事業者か」という点だ。

国鉄は、国民に近代的な輸送サービスを提供する公共の組織だ。小口貨物の多くは消費財であり、その輸送は国民の生活に直結する。国鉄が主体的に提供する小口扱貨物は、まさに国鉄の使命に合致していた。一方、小口混載貨物は民間企業である通運事業者が主体的に行う輸送だ。国鉄は、民間企業から依頼されて輸送を手伝う存在に過ぎない。しかも、民間企業は利益追求が第一であるから、収益性の高い主要都市間の輸送が大部分を占めていた。

国民の生活に直結した大切な輸送を、民間企業に任せてしまってよいのか。国鉄が主体的に行う全国サービスである小口扱貨物が、本来あるべき姿だ……。国鉄には、そうした意識があった。

これは、2000年代に問題となった郵政民営化の議論によく似ている。郵政民営化では、「郵政は国民にとって公共性の高い大切な仕事であり、民間に任せるのは問題だ」「利益第一の民間企業が郵政を行えば、過疎地が切り捨てられる」「いや、民間主体のほうが効率的な運営が可能だ」といった意見があった。国鉄の小口貨物についても、同じような論争があったのだ。

もっとも、国鉄主体の小口扱貨物は、戦後の早い時期から国鉄のお荷物だった。鉄道貨物輸送の特性に全く合わない、儲からないサービスだったからだ。

鉄道による貨物輸送は、大量の貨物を定期的に、かつ長距離を輸送した場合にその特性を発揮する。ある区間に、大勢の人や大量の物資を継続的に輸送するニーズがあるからこそ、レールを敷く意味がある。

小口扱貨物は、さまざまな荷主から預かった貨物を1両の貨車に積み込んで運ぶ。一つ一つの貨物は発地も着地もバラバラだ。

１９６０年代までの国鉄は、全国数千の駅で小口貨物を扱っていた。明治以来、小口貨物において鉄道と連携したのは荷馬車や大八車であり、モノを運べる距離はごく短い。その小さな集配能力に応じて貨物取扱駅が設定されていた。数多くの駅に少しずつ集められる小口貨物を、長大な貨物列車がいちいち停車して拾い集めていくのが国鉄小口扱貨物だった。その輸送には膨大な時間と手間がかかり、取り違えや破損といった事故の恐れも大きい。貨物を少しずつ出し入れするので貨車の使用効率も悪く、国鉄が保有する貨車の10％以上を使用するのに、国鉄の全貨物輸送量の２％程度しか運べないという不経済な状態となっていた。

そもそも、数十kgから数百kg程度の貨物の輸送は比較的短距離であることが多い。それなら、貨車への積み替えや操車場での仕訳といった面倒な手順を踏まず、最初からトラックだけで運んだほうがよほど効率がよい。昭和30年代に入ると全国で道路整備が進み、それまで20～30kmがせいぜいだったトラックの運送距離は数百kmに伸びた。こうなると、小口貨物はトラックの独壇場だった。戦前の１９３６（昭和11）年度に６８３万トンだった小口扱貨物の取扱量は１９５９（昭和34）年度には２４８万トンと半分以下にまで減り、毎年20億円以上の赤字を出すなど「国鉄のガン」と呼ばれた。

民間企業の積卸技術を活用し効率が高かった小口混載貨物

一方、「小口混載貨物」は事情が違った。こちらは、国鉄が苦手とするこまごました貨物の集配と仕訳は全部通運事業者が行い、国鉄は通運事業者から受託した貨車を走らせるだけでよい。通運事業者にとっても、短・中距離はトラック、比較的長距離で輸送量が多い区間は鉄道と、適材適所の効率的な輸送が可能だ。あらかじめ行先別に仕訳したうえで貨車を仕立てることから鉄道輸送中の事故を防ぐことができ、直行列車で運ばれるので、到着日時を明確化できた。

また、小口混載貨物は、荷主に対して通運事業者が輸送責任をもつ。荷主から預かった貨物は、一刻も早く配達地域へ送ろうと努力するうえ、着地で国鉄から受け取った貨物はすぐに着荷主に配送しようと１分１秒を争った。集配を迅速に行えばそれだけ多くの貨物を運べ、収益が上がったし、多数の小口貨物を取りまとめることで料金も割安に設定できた。

国鉄直営の小口扱貨物の場合、国鉄は安全で規律ある定時運行を守って確実に輸送することが使命だ。貨物列車の運行時刻は決まっているから、国鉄の下請けである通運事業者は集貨も配達もさほど急ぐ必要はない。しかも運賃は割引などの弾力性がなく、全国をカバーするために各駅停車の貨物列車で輸送したので、時間がかかるうえに到着日時もわからなかった。この結果、同じようなサービスでも「小口扱」と「小口混載」ではスピード、運賃、サービスなどあらゆる面において、大きな差がついたのである。

ＧＨＱの指令を守るために小口混載貨物制度を活用

小口混載貨物の歴史を簡単に見てみよう。運送業者が貨車を借り受けてさまざまな貨物を運ぶ小口混載は、鉄道開業からまもない１８７７（明治10）年頃には始まっていた。大正から昭和初期にかけて、不況対策として一定量以上の貨物を発送すると超過分の貨物運賃をキャッシュバックする特割制度が導入されると、小口混載は物流需要喚起の手段として活用され、大きな成果を挙げる。戦時期になると、それまで複数あった運賃・制度を統合し、取扱区間を主要都市から全国に拡大。全国の通運事業者が日本通運に統合されていったこと（１６８ページ）と併せ、戦時輸送体制に合った輸送力の増強と効率化に活用された。

小口混載貨物が大きな発展を遂げるのは戦後のことだ。きっかけは、終戦後の混乱による輸送力不足とインフレの進行だった。特にインフレは小口の貨物輸送に深刻な影響を与え、より効率的な輸送方法が求められた。１９４８（昭和23）年7月、国鉄の前身である運輸省鉄道総局は日本通運が独占していた小口混載貨物を原則としてすべての通運事業者に開放し、これにより小口混載貨物の取扱量が急増した。

同年12月、アメリカ政府はＧＨＱ（連合国軍最高司令官総司令部）を通じて「経済安定九原則」を日本政府に指令し、政府は鉄道業の独立採算制を求められた。同時に、それまで日本通運に委託していた受託・引渡・積卸などの貨物業務を政府（運輸省）直営で行うことを要求される。当時、復員者などを積極的に雇用した国鉄は職員数が急増していたが、数千あった貨物取扱駅すべてに小口扱の人員を配置することは不可能だった。

そこで注目されたのが、小口混載貨物の制度だ。小口混載貨物なら、通運事業者が集荷・配達・積卸を行ってもそれは禁じられた「政府からの業務委託」ではなく、「通運事業者自身の業務」である。国鉄は通運事業者を荷主として貨物を車扱で輸送するに過ぎない。

この考え方に基づき、小口混載貨物制度は全国に拡充され、小規模な貨物はできる限り小口混載貨物として運送されることになった。

１９５０（昭和25）年5月には、汐留〜門司操車場間に小口急送貨物列車、通称「ワキ列車」が運行を開始した。この列車は混載貨物の速達化を図るための直行列車で、当時の一般的な貨物列車の最高時速65㎞をしのぐ最高時速85㎞で運行された。集結輸送方式による従来の小口扱よりも圧倒的に速いうえ、列車を指定して輸送できるので貨物の到着日時を予測できる。自動車を使ったきめ細かい集荷・配達業務を得意する通運事業者と、大量・

定期・長距離輸送を得意とする国鉄、それぞれの長所を活かした輸送方法といえた。便宜的なサービスとして始まった小口急送貨物列車による高速輸送は、１９５２（昭和27）年９月に急行小口扱制度として正式に制度化され、全国に小口急送貨物列車網が整備された。

この結果、１９３６年度に年間１００万トンだった小口混載貨物の取扱量は、１９６３（昭和38）年度には年間４５５万トンと4・5倍に増加した。一方国鉄直営の小口扱貨物は１９３６年度の年間６８３万トンから１９６３年度は２０９万トンと、実に３分の１以下に激減してしまったのである。

トラック業界が猛反対した「中心駅集約輸送」

こうして、小口混載貨物は安くて速い、便利なサービスとして発展し、小口扱に対して収益性も取扱量も大きく差をつけた。現代の民間企業であれば、少量貨物輸送は小口混載貨物に統合し、赤字を垂れ流す旧来の小口扱は廃止するのが当然だろう。しかし、「国民生活に直結した小口貨物は本来国鉄が担うべき輸送形態」と考える国鉄は、直営の小口扱をあきらめることはできなかった。

１９５７（昭和32）年、国鉄は小口扱貨物の合理化と近代化を目指して、東北本線秋葉原～盛岡間で「中心駅集約輸送」を計画した。これは、東北本線の大宮、宇都宮、福島、北上など10の駅を「中心駅」とし、中心駅間を直行で結ぶ小口貨物専用列車を運行。それ以外の中間駅へは、列車ではなく国鉄直営の自動車（トラック）が輸送するというものだ。小口貨物を中心駅に集め、貨物列車で輸送する区間を中心駅間のみに「集約」するから「中心駅集約輸送」という。

従来の小口扱貨物は、速度的にもコスト的にも全くトラック輸送に太刀打ちできなかった。そこで、列車で輸送するのは代表的な中心駅間のみとし、中心駅からその他の駅へは国鉄自身が貨物列車の代わりにトラックを走らせて代行輸送しようと考えたのである。トラックで輸送する部分は、一般的な運送会社と同じ一般路線貨物運送事業、つまり決められた区間に定期的なトラック便を運行する方式として行うこととし、運輸省に対して10路線の免許申請を行った。

これは、列車と自動車が協同して効率的に輸送するという、現代のコンテナ輸送にも通じる仕組みだったが、日本トラック協会をはじめとする運送業界は猛反発した。「自動車輸送は、あくまで鉄道では非効率な部分を補完するだけ」とする国鉄に対し、「国家が後ろ盾に立ち税金も優遇されている国鉄がトラック輸送に進出すれば、民間の運送会社は壊滅する」「国鉄がレールから離れて道路に進出することは許されない」とし、「自動車輸送はトラック会社に委託するべきだ」と主張した。

議論は運輸省の運輸審議会に諮問されたが、両者とも主張を譲らず、運輸省の調整によって「将来、中心駅集約輸送を全国に拡大する場合は、国鉄直営のトラックだけを利用することはしない」「今後は国鉄と運送業界でよく話し合って進める」という申し合わせが成立。運輸審議会は運輸大臣に対して「中心駅同士を自動車輸送で結ぶことを禁止したうえで許可すべき」と答申し、10月１日から東北本線での中心駅集約輸送がスタートした。

同時に、「よく話し合って進める」という申し合わせを実現するために、国鉄と日本トラック協会との間で「協同運輸連絡会」が組織された。だが、運送業界は国鉄による自動車代行輸送に反対しているのだから、いちいち「協同運輸連絡会」で話し合って合意を目指していたのでは、思い切った施策を行うことは難しい。結局、中心駅集約輸送は東北本線のほか、南武線や横浜線、小海線などでごく小規模な形で実施されただけに終わった。国鉄による、小口扱貨物の合理化・近代化は失敗したのである。

小口混載への統合を目指した「新混載制度」

１９６０年代に入っても小口扱貨物の取扱量は減少が続き、年間約50億円もの赤字を出すようになる。これは令和の貨幣価値で２００億前後円に相当する金額だ。当時の国鉄は全体としては一応黒字だったから、小口扱がいかにお荷物だったかがわかる。合理化は待ったなしの状況だった。

そこで国鉄は、１９６２（昭和37）年に小口貨物輸送の改革案を表明する。通運業界と1年にわたる議論の末、１９６３年10月に「新混載制度」案を発表した。

これは、小口扱貨物を原則として小口混載貨物に統合・一本化することを柱とするもので、全国を１００程度の輸送ブロックに分けて１６０カ所の基地駅を設定。異なるブロックの基地駅同士は原則として直行の高速貨物列車で結び、ブロック内に収まる近距離輸送と基地駅からの集荷・配達は通運事業者の自動車で行う。一方、集められた小口貨物の仕立、つまりどのように貨車に積み込んで輸送するかの判断や積卸作業は、国鉄と通運事業者が共同で設立する「小口貨物輸送会社」が国鉄を代行する形で行う。

中・長距離は高速・大量輸送が可能な貨物列車に、短距離と集配は自由自在に運行できる自動車に、と輸送形態を振り分け、効率的な小口貨物輸送システムを作り上げることを目指した「新混載制度」だったが、通運業界にとっては大問題だった。

最大の問題は、混載貨物の仕立と積卸を、新たに設立される「小口貨物輸送会社」が一括して行うという点にあった。国鉄としては、各通運事業者がバラバラに行っていた小口混載の業務を一本化し、全国で統一されたサービスとして提供する意図で考案したものだ。だが、通運事業者にとって、小口混載貨物とはまさにこの「仕立と積卸」の部分に商売としてのうま味があった。荷主から集めた貨物を、いかに効率よく取りまとめて貨車に積み込むか。最適な仕立を行えば、より少ない貨車で多くの貨物を運ぶことができ、利益を拡大することができたからだ。この部分を国鉄が出資する新会社に持っていかれては、小口混載貨物の商売的な魅力は激減してしまう。

国鉄が、新会社について「利益追求が目的ではなく、流通の円滑化とサービスの向上を目的とする」と説明したことも、通運業界にとっては懸念材料だった。公共性を重視する国鉄にとっては当然のことだったが、民間企業から見れば、官僚的で非能率的な企業になるのではないかというわけだ。

国鉄が提案した新会社の設立に、最も強く反対したのが、小口混載貨物の70％を取り扱っていた日本通運だ。結局、国鉄と通運業界の間で話し合いが行われ、ブロックや基地駅数が調整されたほか、「小口貨物輸送会社」の代わりに国鉄と通運事業者の調整を行う社団法人「鉄道混載協会」を設けることで決着した。

公共性の建前のために「国鉄直営」の看板だけ残される

１９６５（昭和40）年10月１日、紆余曲折の末、全国86の輸送ブロック、１７２カ所の基地駅を設定した新しい小口混載制度がスタートした。自動車で小口貨物を基地駅に集め、貨物列車は基地駅間の高速輸送を担当する。また自動車で配送先に届けるという方式が確立し、貨物列車が膨大な時間を費やして各駅から小口貨物を拾っていく旧来の小口貨物輸送は一掃。民間活力を活かした小口混載貨物に一本化された……はずだったが、そうはならなかった。小口扱は制度上残され、輸送ブロックに収まるような１５０km以下の近距離輸送は国鉄直営の「小口扱」とされたのだ。この結果、小口貨物を取り扱う駅も、１７２カ所の基地駅だけに集約されるはずが、制度上は従来の２６００駅が維持された。近距離の小口貨物輸送は鉄道の代わりに国鉄から委託された通運事業者の自動車で輸送することになっていたから、「国鉄直営の小口扱貨物」は、看板だけの存在になった。

１９６６（昭和41）年3月に国鉄が発行した「国鉄貨物営業案内」を見ると、２本立てとなった小口貨物サービスの混乱がよくわかる。同じページに「小口混載貨物の送り方」と「小口扱貨物の送り方」の説明が並んでおり、「小口混載」は「大体１５０キロメートル以上」の扱いで申し込みは「通運事業者の営業所（店舗）へ、口頭か電話で」、「小口扱」は「１５０キロメートル程度」までの扱いで申し込みは「駅か通運事業者の営業所（店舗）へ、口頭か電話で」するように書かれている。１５０km以下の場合のみ、通運事業者だけでなく貨物取扱駅にも申し込めることになるが、わざわざ「自分が送る貨物の輸送距離は１５０km以下だから駅に申し込もう」と考える人はいない。

さらに、「小口扱貨物の貨車への積み卸し作業などは、鉄道で行ないます」（原文ママ、国鉄が責任を持つという意味）とある次の行には「小口扱貨物の輸送は、一部の貨車輸送を除いて自動車で行ないます」（同）とある。一体、鉄道で運ぶのか自動車で運ぶのか、一般の人には実にわかりにくいサービスになってしまった。

なぜ、このようなわかりにくい制度になったのか。それは、国鉄が公共交通機関として受託忌避禁止義務を負っていたからだ。国鉄は国民生活を支える公共企業体なので、国民（荷主）から「貨物を運んでほしい」と依頼されれば、正統な理由なく断ることができない。「小口の貨物は儲からないから国鉄の責任では一切運びません」とは言えなかったのだ。形だけでも直営の小口扱を残すことによって、「国鉄の責任で運ぶこともできますが、もっとおトクな方法がありますよ」と小口混載に誘導することができた。

こうして始まった「新しい小口貨物輸送」は、導入直後は人員配置や設備が追いつかず一時的な混乱を招いたものの、１年も過ぎると物流界に定着した。１９６７（昭和42）年度には小口混載貨物の取扱量が増加に転じ、東京～大阪間などの主要都市間ではかなりの増収になったという。一方で、１５０㎞以下の短距離輸送サービスとして残った「小口扱」は、１９６３年度の２０９万トンから１９６８年度には25万７０００トンにまで激減。形だけの存在となったが、それでも古くからの荷主から依頼があれば対応できる体制を整えておかなくてはならず、無駄なコストが生じた。

東名高速道路の開通で衰退に拍車がかかる

小口混載貨物の好調も長くは続かなかった。１９６９（昭和44）年5月26日に、東名高速道路が全線開通して東京〜大阪間が高速道路で結ばれると、ますますトラック輸送への移行が加速したのである。いかに小口貨物の扱いに慣れた通運事業者が迅速に貨物の仕訳を行ったところで、東京〜大阪間くらいであれば拠点駅で貨物を積み替える間にさっさと高速道路で運んだほうが速い。小口混載貨物が、主要都市間でも平均して配達までに3〜4日を要していたのに対し、トラックは翌日配達が基本で、しかも運賃も割安だった。

車両の運用効率も、トラックは鉄道よりも優れていた。トラックは、積荷を着荷主に届けたら、次の貨物を集荷してまた荷台を満載にして東京に戻ってくることができる。貨車は、貨物列車の運行区間と時刻が決まっているうえ、有蓋貨車1両あたりの積載量も大きすぎて、トラックほど臨機応変に積荷を集めることができない。物流への柔軟な対応力で、鉄道は根本的にトラックに太刀打ちできなかったのである。

こうして、小口混載貨物の近代化は国鉄直営の小口扱を吸収しただけで、１９７０年代に入ると再びトラック輸送にシェアを奪われ、先細りとなっていった。国鉄は、小口貨物を輸送する特急貨物列車や急行貨物列車の増発、こまごました貨物がホームにうずたかく積まれる小口特有の積卸状況に合わせて主要貨物駅に混載貨物用上屋を整備するなど、小口混載貨物の利便性を高める施策を打ち出していったが、小口貨物輸送全体の勢いを取り戻すことはできなかった。国鉄と通運事業者が設立した鉄道混載協会も、１９７２（昭和47）年度には規模を当初の３００人から１００人に減員、結局１９７４（昭和49）年１月に解散した。制度上残された国鉄直営の小口扱は、１９７４年に手小荷物輸送（１９８ページ）と統合されて消滅。鉄道による小口貨物輸送はこうして衰退の道をたどり、一方トラック輸送は宅配便の登場を背景にますます発展していくこととなる。

結局、国鉄の小口貨物輸送は、その特性に最適な輸送手段を提供するのではなく、「国民の生活を支える公共性の高い大事な輸送」という名の下に、無理に鉄道を使ったサービスを提供しようとし続けた結果、衰退してしまったといえる。

もっとも、鉄道による小口貨物は今でも形を変えて健在だ。１９６９年4月、コンテナによる鉄道と自動車の協同輸送サービスである東海道フレートライナー（79ページ）の運行が始まると、小口混載貨物のコンテナ輸送への移行が始まったのだ。コンテナは有蓋貨車よりも１単位あたりの積載量が小さいものの、そのままトラックに積み込めるため、より臨機応変な輸送が可能だ。かつては通運事業者にしか認められなかった鉄道との協同輸送が、法改正と規制緩和によって一般トラック運送会社にも道が拓かれたこともあり、トラック運送会社がコンテナに複数の小口貨物を積み合わせて輸送する形態が生まれた。

コンテナによる小口貨物の積み合わせ輸送は、その後宅配便などの普及に合わせて利用が拡大した。東京〜大阪間のような主要都市間には、トラック輸送だけではこなせないほどの輸送需要があり、高速コンテナ列車による高速輸送が定着している。宅配便業者が、コンテナ列車を１編成まるごと仕立てる「ブロックトレイン」と呼ばれるケースもある。最も有名な事例が、佐川急便によるＭ２５０系貨物電車「スーパーレールカーゴ」だ。宅配便をコンテナに満載して東京〜大阪間を最高時速１３０㎞で走破する「スーパーレールカーゴ」は、現代の小口混載貨物列車といえるだろう。

M250系スーパーレールカーゴ。（写真：Sakurayama 7　CC BY-SA 4.0）

第5章　運ぶモノの特性に合わせた輸送体制を目指した物資別適合輸送

輸送力から輸送品質への転換を目指す

国鉄が、貨物輸送近代化の一環として1960年代半ばから打ち出した方針が、「物資別適合輸送の推進」だ。「それぞれの物資を、その特性に合わせた最適な方法で輸送し、輸送時間の短縮や荷役作業の合理化を図る」というもので、文字にすると極めて当たり前のことのように思える。

だが、国鉄が国内の物流を独占していた時代、これは当たり前ではなかった。国鉄貨物は国内のあらゆる物資を輸送するため、そのリソースは物資ごとの輸送最適化ではなく、トータルでの輸送力活用に注がれていたからだ。

石油などの一部の特殊な物資を除き、ほとんどの物資は有蓋車ワム、無蓋車トラを中心とした汎用貨車に積載され、集結輸送方式（28ページ）によって全国の貨物取扱駅に輸送されていた。

昭和30年代、日本の高度経済成長が始まると、それまで国鉄貨物の主流を占めていた石炭や鉄鉱石といった第一次産品が減少し、石油やセメント、化学薬品、紙など、多種多様な物資の輸送需要が増えてきた。加えて、全国に道路網が整備されてトラック輸送が発達し、単純に貨物列車を走らせるだけでは他の輸送機関に勝てなくなってきた。

そこで、国鉄は「物資別適合輸送」の推進に取り組んだ。具体的には、それまで発着地ごとに貨車を仕立てて、同じ物資でもバラバラに運んでいたのをやめ、需要が大きい地域の貨物駅に専用の中継基地を設けて直行の専用貨物列車で集中的に輸送するというもの。中継基地から需要地まではタンクローリーなどの自動車輸送を行い、貨車も物資の特性に合わせた専用貨車を用意して、合理的で高速、高品質な輸送を実現することを目指した。

特定の物資に適した輸送体制を整える、という意味では、明治時代から行われてきた石炭・石灰石輸送もこれに近い。これらの鉱石輸送では専用のホッパ車を使用し、生産地である鉱山に専用の積卸施設を設置して、大量定型輸送、つまり毎日同じペースで同じ区間を大量に運ぶという方法をとっていた。

一方、物資別適合輸送は、単に専用の貨車と積卸施設を用意するだけではない。生産地から離れた拠点駅に専用の中継基地を作って、生産から需要地まで、自動車輸送も組み合わせた一貫輸送システムを作り上げた点が大きな特徴だった。

しかし、物資別適合輸送を実現するには、国鉄ならではのハードルがあった。それは、

青梅線の石灰石・生石灰専用列車。南武線や中央線を経由して浜川崎までピストン輸送された。（写真：渡辺一策）

国鉄が鉄道輸送以外の事業を法律で厳しく制限されていたということだ。国鉄は事業内容を「日本国有鉄道法」と同法施行令によって厳格に規定されていた。中継基地は鉄道輸送とは別ものであり、特定業界の利益ための施設であるから、国鉄はその建設に出資できなかった。

そこで国鉄は、政府に働きかけて、施行令に追加する形で事業内容の拡充を図っていく。

１９６２（昭和37）年、日本国有鉄道法と同法施行令が改正され、国鉄はまず臨海工業地帯に発着する貨物を輸送する臨海鉄道への出資が可能になった。ついで１９６３（昭和38）年、国鉄の事業内容に倉庫業が加えられ、１９６６（昭和41）年6月に石油とセメント類、１９６７（昭和

42）年に液体化学工業品、１９６８（昭和43）年には配合飼料について、「鉄道による定期的大量に集約輸送するために必要な施設、荷さばき施設の運営を行う事業」が加えられた。

こうして国鉄は物資ごとに適した輸送体制を整えられるようになったが、輸送体制の整備にはいちいち政府を動かす必要があり、民間企業よりも非常に多くの時間と労力を必要とした。

国鉄の代表的な物資別適合輸送には、①石油 ②セメント ③化学薬品 ④飼料 ⑤紙製品 ⑥自動車 ⑦鉄鋼などが挙げられる。それぞれの輸送について見てみよう。

①石油輸送

現在も続く物資別適合輸送の花形

石油・ガソリン類は、国鉄が整備した物資別適合輸送の中で、令和の今も基本的な形を変えずに継続している数少ない輸送品目だ。

国内のエネルギーがまだ石炭中心で、石油がそれほど重要でなかった昭和30年代初頭。石油・ガソリン類は製油所でタンク車に積み込まれ、通常の貨物列車に連結して操車場を

渋谷付近の山手貨物線を走るタンク列車。（物流博物館蔵）

経由する集結輸送方式で全国に運ばれていた。各駅から油槽所までは石油会社の専用線が敷かれていたが、石油を取り扱う会社が増えるにつれて分岐する専用線は膨大な数となり、いちいち該当する石油会社が所有するタンク車を切り離して専用線に入線させるという、非常に効率の悪い輸送方式になってしまった。輸送時間は長く、運送コストも高くつく状況となり、石油輸送はタンカーとタンクローリーによる輸送に切り替えられていった。しかし、石油類は引火性の高い危険物だ。タンカーはともかく、タンクローリーによる一般道を使っての輸送には危険が伴う。特に内陸の都市への石油輸送には課題があった。

　昭和30年代後半、北海道で石油の輸送力不足が問題となり、１９６４（昭和39）年

10月から室蘭の本輪西～東札幌間で石油専用快速貨物列車の運行が開始された。これが、日本で初めての本格的な石油専用貨物列車だ。この列車は、１９６７年には1日4往復に増発されて「オイル」号と名づけられた。１９６６年10月には、新潟の沼垂《ぬったり》（廃止）～塩尻間で石油専用貨物列車「ペトロ」号の運行が開始。沿岸部の製油所と内陸の需要地を専用列車で効率よく結ぶ、拠点間直行輸送が始まった。

　エネルギー革命によって石油が社会活動の根幹を支えるようになってくると、石油類を大量かつ効率的に運ぶ必要が高まる。それには、石油会社ごとに石油を運んでいたのでは効率が悪い。拠点駅に石油を一時的に備蓄する石油中継基地を設け、製油所から複数の石油会社を取りまとめた専用貨物列車で定期的に輸送。中継基地に備蓄した石油を、需要に応じて各石油会社が自動車でガソリンスタンドなどの消費地に輸送すれば、効率的だ。

　従来は、石油の積卸作業や保管は石油会社が行っていたため、国鉄には石油の輸送に適した地上設備がなかった。そこで１９６６年6月、日本国有鉄道法施行令に「石油、セメント等の鉄道による定期的大量に集約輸送するために必要な施設、荷さばき施設の運営を行う事業」が加えられ、国鉄が石油基地の整備・運営に関われるようになった。同年10月、石油元売り12社や日本石油輸送株式会社（ＪＯＴ）などとの共同出資により「日本オイルターミナル株式会社」が設立された。１９６８年12月までに倉賀野、西上田、新札幌、郡山の各駅に石油中継基地が開設され、京浜地区や室蘭などから14本の石油専用列車の運行

左：日本オイルターミナル八王子営業所の側線をタキ43000形を連ねた入換列車がいく。タキ43000形は日本オイルターミナル専用として開発された。右：日本オイルターミナル八王子営業所。灯油・軽油・ガソリンのみを扱い、タンク11基を擁した。（ともに写真：渡辺一策）

が開始された。石油中継基地はその後も拡大され、１９８１（昭和56）年までに南松本、宇都宮貨物ターミナル、八王子、盛岡貨物ターミナルにも開設されている。

　こうして始まった鉄道による石油一貫輸送は、オイルショックによる一時的な需要減少はあったものの順調な伸びを見せた。輸送量は一貫輸送開始前の１９６５（昭和40）年度の８８２万トンに対し、１９７８（昭和53）年度には１８８０万トンを記録し、国鉄を代表する貨物品目になった。

　その後、自動車輸送の運賃引き下げが進んで輸送量は減少に転じたが、内陸部の消費地へは鉄道による輸送需要が根強い。石油は、一般車両を巻き込んでの事故の危険性がある自動車輸送に依存するわけにはいかないからだ。中央自動車道恵那山トンネルのような長大トンネルは危険物積載車両の通行が禁止されているといった制限の影響もあり、令和のいまも長野県や群馬県などで消費される石油類の約8割は鉄道で輸送されている。

開港初期の成田空港を支えたジェット燃料輸送

国鉄の石油輸送が支えたのが、初期の成田空港だ。成田市三里塚に建設された成田空港（当時は新東京国際空港）は、国際線が多く大量の航空燃料（ジェット燃料）が必要となることから、現在は航空燃料を千葉埠頭から全長約47㎞のパイプラインで輸送している。しかし、１９７８年の開港当初は住民の強い反対によって完成の目処が立っていなかった。

そこで活用されたのが、国鉄だ。１９７２（昭和47）年８月、新東京国際空港公団は鉄道による暫定輸送を決定し、開港１カ月前の１９７８年３月２日から、貨物列車によるジェット燃料輸送が始まった。ルートは、鹿島臨海鉄道奥野谷浜駅から鹿島線を経て成田に至る鹿島ルートと、京葉臨海鉄道前川・甲子・浜五井の各駅から千葉駅経由で成田に至る千葉（京葉）ルートの二つ。成田側は、成田市土屋地区にあった空港建設の資材置き場に暫定中継施設が整備された。現在、京成スカイアクセス線とＪＲ成田線が合流している地点だ。

暫定輸送には、新たに開発されたタキ４００００形タンク貨車が充当された。これは、１９６７年に登場した43トン積ガソリン専用タンク車タキ４３０００形をベースに、側台枠を付けて安全性を高めた貨車で、１４０両が製造されている。開港までに５万キロリットルの備蓄輸送を行い、開港後は鹿島ルートが１日５本、千葉ルートが同２本運行された。

タキ４００００形は分類上「ガソリン専用車」だが、安全性を懸念する沿線住民に配慮して、車体には「ガソリン専用」ではなく「灯油（A－1）専用」と表記された。

千葉埠頭からのパイプラインは、開港後の１９７８年8月にようやく建設が決定し、１９８３（昭和58）年8月8日から輸送を開始。暫定輸送列車は8月6日を最後に輸送を完了した。

タキ４００００形は、その後「ガソリン専用」表記に戻してＪＲ貨物のガソリン輸送を担い、２０１０年代に引退した。土屋中継基地の跡地には、新駅を建設する構想もあったが、現在はイオンモール成田になっている。

幻と消えた国鉄パイプライン輸送計画

実は、成田空港のパイプライン輸送計画と並行して、国鉄自身もパイプラインによる石油輸送を計画していた。それが、京浜・南埼玉パイプライン計画だ。１９６０年代から急増した内陸部への石油輸送需要に対応するため、京浜地区の浜安善付近から、横浜線・八高線・川越線の線路に沿って、大宮手前の南埼玉地区までの約１１０㎞に直径16インチ（約40㎝）の導管を敷設。１日あたり2万８４００キロリットル（タンク車６００両に相当）

を輸送するという計画で、建設費は約１４２億円を見込んだ。

パイプラインは、鉄道の線路敷きに沿って建設するが、軌道直下は列車の荷重の影響を受けるため、線路脇の地下に敷設。すでに輸送力が限界に達していた品鶴線（東海道貨物線）を救済して、安全安定的な石油輸送を実現しようとした計画だった。

この計画は、１９７１（昭和46）年６月に運輸大臣の認可を受け、翌１９７２年１月には、国鉄や関連企業の共同出資により京浜パイプライン株式会社が設立されたが、成田空港の反対闘争と連動した強力な反対運動を受けて頓挫してしまう。結局、その後国鉄が分割民営化に向かったことなどから中止となり、京浜パイプライン株式会社も１９８６（昭和61）年１月に解散した。

②セメント輸送
公共事業の抑制で需要低下

鉄道によるセメント輸送は明治時代から行われていたが、戦後、高度経済成長に伴いダムや道路、港湾などの社会インフラ整備が進むにつれて需要が拡大。鉄道輸送も１９６５年度に１４５０万トンを記録するなど、国鉄貨物を代表する輸送品目となった。

北茅ヶ崎駅に到着したセメント主体の貨物列車。（写真：渡辺一策）

その頃までのセメント輸送は、山間部にあるセメント工場から需要地のセメントサイロへ、鉄道やトラックで輸送されていた。各地に小規模なセメントサイロが分散し、鉄道で輸送するには効率が悪かった。

そこで、需要地に近い大都市の貨物駅に大型の中継サイロ基地を建設し、生産地から専用貨物列車で大量輸送することが計画された。中継サイロ基地から周辺の需要地へは、必要に応じてセメントローリーで輸送するという一貫輸送システムだ。

１９６６年６月、日本国有鉄道法施行令の改正により、石油中継基地とともにセメントの中継サイロ基地にも出資できるようになった。１９７２年４月、国鉄はセメント会社と共同で「セメントターミナル株式会社」を設立。１９７３（昭和48）年以降、西浜松、倉賀野、郡山、会津、五日町の5カ所に合計18基のサイロ、セメントターミナルを開設した。貨車も、粉状のセメントを空気の力で流し出す専用の40トン積タキ１９００形が開発され、効率的なセメント輸送が可能となった。ここまでの経緯は、石油・ガソリン輸送とほぼ同じだ。

しかし、石油類と違って危険物ではないセメントは、自動車のほうが柔軟な輸送が可能だった。全国に高規格道路が整備され、セメントローリーによる長距離輸送体制が充実してくると、鉄道による輸送は次第に減少していく。

ＪＲ貨物が発足して時代が平成に移ると、公共事業が抑制されてセメントの需要が落ちた。鉄道を使って一度に大量のセメントを輸送する必要性はますます低下し、セメントターミナルへの鉄道によるセメント輸送は、２００７（平成19）年までに全廃された。

２０２３年現在、鉄道によるセメント輸送は、三重県の三岐鉄道東藤原駅から関西本線四日市までの区間で行われているのが唯一となっている。

③化学薬品輸送

業界側が先取りして一貫輸送を実現

　硫酸や塩酸、苛性ソーダなどの化学薬品の生産工場は、原料となる鉱石を産出する山元や輸入鉱石を陸揚げする港周辺に立地していることが多く、製品はここから鉄道で消費地（こちらも工場が多い）へ輸送されていた。こうした化学薬品は危険物が多く、自動車で大量輸送を行うには問題があった。

　このため、鉄道輸送の改善に対する意識は業界内でも高く、１９６５年4月、関西地区の関係企業が共同で「液体化成品輸送株式会社」を設立して、大阪の桜島線安治川口駅に化学薬品用タンク39基（容量１万５００３トン）を整備した。当時は、国鉄が化学薬品輸送への直接投資が認められていない時期で、業界側が物資別適合輸送を先取りした形となった。

　１９６７年、国鉄が液体化学工業品の荷さばき施設に出資できるようになり、同年8月、業界企業と共同で「株式会社東京液体化成品センター」を設立。東京・江東区の越中島駅に中継タンク50基（容量６５０１トン）を整備して営業を開始した。貨車は、濃硫酸専用タキ５７５０形（１９６６年～）、濃硝酸専用タキ７５００形（１９５９年～）、液化塩素専用タキ５４５０形（１９６４年～）など、物資別に専用貨車が用意された。

国鉄による化学薬品輸送は１９７０（昭和45）年度に約５７５万トンを記録してピークを迎え、１９７２年には名古屋西港にも15基のタンクを建設した。

しかし化学薬品輸送の場合、鉄道による輸送を集約しても、各需要地での消費量は比較的小規模で分散する傾向にあったので、効率化には限界があった。さらに、１９８４（昭和59）年２月改正で国鉄は車扱貨物列車を大幅に削減した結果、輸送ルートが限定され、化学薬品輸送は自動車輸送への転換が進むことになる。

もっとも、化学薬品は自動車での輸送に危険が伴うことに変わりはなく、ＪＲ貨物発足後も大型タンクコンテナを使用しての輸送が続けられている。１９９７（平成９）年には、越中島周辺の市街地化が進んだことから、越中島から川崎への移転が実施され、現在は化学薬品コンテナは川崎貨物駅から発着している。

④飼料輸送

中継基地の整備後に需要地が「逃げる」不運

戦後しばらく、日本の養鶏業は農家において副業的に営まれるもので、養鶏に使われる配合飼料も、20kg入り紙袋に詰めて有蓋貨車で運ぶというのどかなものだった。しかし高度経済成長期を迎えて養鶏業や畜産業が大型化すると、袋に詰めた飼料を職員がドサドサと貨車に積み込むやり方では、とても間に合わなくなる。昭和30年代後半になると、有蓋貨車の扉口に堰板《せきいた》を張って飼料を直接積み込むバラ積み輸送が試みられたが、これも荷役作業は人力頼みであり、極めて非効率的だった。やがて配合飼料の業界にも物流の合理化と価格競争の波が押し寄せ、輸送はトラックに転換していった。

１９６３年、日本麦酒株式会社（翌年サッポロビールに社名変更）が、麦芽専用のホッパ貨車ホキ６６００形を開発。私有貨車として、各地のサッポロビール工場へ粉粒体である麦芽のバラ積み輸送を開始した。

配合飼料輸送の現状とホキ６６００形の実績を見た国鉄は、粒状の農作物についても専用貨車でバラ積輸送することを決断。粉粒物専用ホッパ車のホキ２２００形を開発する。

サラサラとした粉粒状のものは、袋詰めにしたり、有蓋貨車を堰板で囲って積み込んだりする場合は人力が必要となるが、専用のホッパ貨車を使えば荷役の自動化が可能だ。中継基地に積荷を貯蔵するサイロを設置し、その真下に貨車を引き込んで上から直接積荷を流し込む。貨車から卸す時は車体下部にホースを接続し、真空吸引式により吸い出す。いずれも人力をほとんど必要とせず、荷役の合理化と大幅な時間短縮ができる。また、有蓋貨車と異なり積載物が密封されるので、品質維持にも有利だった。

１９６８年、日本国有鉄道法施行令に、国鉄が出資できる施設として「配合飼料の積卸荷さばき施設」が加えられ、翌１９６９（昭和44）年1月、配合飼料の中継サイロ基地運営を目的とした「日本飼料ターミナル株式会社」が設立された。配合飼料の中継基地は主要な養鶏地の駅に隣接して設けられることになり、大村線の竹松駅を皮切りに、下土狩（御殿場線）、倉賀野、帯広、豊橋、東都城、郡山など全国15カ所の駅に中継サイロ基地が建設された。

　配合飼料は原料を輸入に頼っていたので、メーカーの工場は神奈川県や福島県、愛知県、兵庫県の臨海部に集中していた。これらの工場から、内陸部の中継サイロ基地へ配合飼料を専用貨物列車で集約輸送し、基地から周辺の消費地へはフォークリフトで扱えるフレキシブルコンテナ（フレコン：大型の袋）やホッパローリーで運ぶシステムが整備された。

　こうして１９６９年度から始まった配合飼料の直行輸送は、１９７３年度には中継サイロ基地への年間輸送量が62万トンを記録し、輸送シェア20％と順調に推移した。ところが、この頃から思わぬ事態が発生する。畜産地が規模を拡大しながらより郊外へ移動し、それに合わせて飼料工場も移動していったのだ。これにより、せっかく整備した中継サイロ基地が需要地の実態に合わなくなってしまった。さらに配合飼料メーカーもホッパローリーによる直送体制を整備し、鉄道輸送の需要が落ち込んだ。

　１９７０年代に入ると、自動パッカーによる袋詰め技術が進化した。品質低下の恐れがあるバラ積み貨車による大量輸送をしなくても、フレコンやパレットを使ってトラックで臨機応変に輸送する体制が整った。

　やがて、配合飼料は大量輸送から小口輸送へ輸送需要が転換していく。標準的な飼料を大量に運んで中継基地に置いておくよりも、養鶏・畜産業者の都合に合わせて、新鮮・高品質な飼料を必要なだけ直送するやり方が主流となったのだ。

　この結果、専用列車を仕立てての直行輸送は難しくなった。といって、従来の貨物列車に連結して集結輸送をしても、輸送時間がかかりすぎて顧客のニーズに全く応えられない。さらに、たび重なる労働争議や国鉄運賃の値上げによって、鉄道は競争力を失った。

　結局、国鉄全体の配合飼料輸送は１９７０年度の３５１万トンをピークに減少に転じ、車扱貨物列車が大幅に削減された後の１９８３年度は72万トン、集結輸送方式が全廃された翌年の１９８５（昭和60）年度には22万トンまで激減。中継サイロ基地も次々と機能を停止し、日本飼料ターミナルは１９８６年10月に解散した。現在は、粉粒体専用コンテナによって小麦などの農作物の輸送が一部で行われているに留まる。

⑤紙製品輸送
都心に流通センターを設立し平成まで活用

デジタルメディアがなかった昭和の時代、「紙は文化と産業のバロメーターである」といわれていた。新聞、書籍、論文、学習ノートなど、紙はあらゆる「知」の記録に使われ、文化的発展を支えてきたとされたからだ。明治維新以来、日本では義務教育制度の導入や新聞・雑誌文化の大衆化によって紙の需要が拡大し、昭和30年代からの高度経済成長とともに生産量が激増。国鉄の主要な輸送物資の一つとなっていた。

紙製品輸送は、発送地と到着地がほぼ決まっていた。木材と豊富な水資源が必要な紙製品の生産地は、国内では北海道や静岡、富山、米子などに集まり、一方消費地も、企業やメディアが集まる大都市、とりわけ首都圏に集中していた。１９６４年度の鉄道による紙製品輸送量は５１１万５０００トン。紙製品輸送全体の4割を占め、パレット輸送に対応した15トン積有蓋貨車ワム８００００形や30トン積ワキ５０００形を使用して製紙工場から東京や大阪へ時速75㎞で輸送された。

紙製品は発着地がほぼ決まっていたので、発着地を固定し直行の専用列車を運行する定型輸送がしやすい環境にあったが、昭和30年代の段階では通常の貨物と同様、集結輸送方式による輸送が行われていた。例えば、北海道の苫小牧から東京へ紙製品を輸送しようとすれば、途中で6回もの中継を行い平均77時間、つまり足かけ4～5日を要し、しかも操車場の状況によっては、本当に77時間で届くかもわからなかったのである。このため、紙製品は船舶による輸送が主流となりつつあった。

１９７０年4月、王子製紙苫小牧工場の生産設備増強に合わせて、苫小牧〜越中島・梅田間に紙製品専用の急行貨物列車「おうじ」号の運転が開始された。これは、30トン積の大型有蓋貨車ワキ５０００形17両（越中島行き12両・梅田行き5両）を使用し、苫小牧工場の専用線で紙を積み込んだ貨車をそのまま貨物列車に仕立てて最高時速85㎞で東京・大阪に直行する列車だ。青函連絡船への継送を除いて操車場での中継はなくなり、所要時間は33時間と従来の半分以下に短縮された。

船舶から顧客を奪うことに成功した「おうじ」号は初年度に年間16万トンの新聞巻取紙を輸送し、鉄道による紙の輸送量は年間６７６万トンを記録した。翌１９７１年4月には、十條製紙石巻工場から越中島への紙製品専用列車も運行を開始。１９７２年10月改正では7本体制となった。

こうして、一度は船舶に流れかけた紙製品輸送を取り戻した国鉄だったが、まだまだ輸送が最適化されているとはいえなかった。東京都内には年間１４０万トン（１９７１年度）の紙製品が到着していたが、取扱駅は越中島のほか汐留、飯田町（廃止。現在の飯田橋駅に隣接）、隅田川など35駅にのぼり、そのほかの貨物と一緒に荷役が行われていた。これでは効率的な荷役はできないし、どの駅もさまざまな貨物を処理するので手いっぱいで、需要の増加に合わせた受け入れ設備の増設が間に合わない状態だった。

そこで、物資別適合輸送の考え方に従い、貨物駅に紙製品専門の物流施設を整備して東

飯田町紙流通センター。（『日通だより』昭和47年12月号より／物流博物館蔵）

京着の紙製品を一括して取り扱う構想が生まれた。１９７１年４月、国鉄は紙パルプ会社８社、通運事業者２社との共同出資により「株式会社飯田町紙流通センター」を設立。大手出版社や新聞社に近い飯田町駅に紙専門の保管・配送を行う流通センターを建設した。

この流通センターは、飯田町駅の荷役線を延長する形で整備された。地上５階建ての倉庫の２階に荷役線２線を引き入れ、３〜５階を保管倉庫、１階をトラックが発着する積込場とした。貨物列車は１日最大10本、ワム８００００形２００両を取り扱え、１９７２年11月に開業すると、全国13の製紙工場から毎日７本の専用列車が到着。初年度は年間19・５万トンを取り扱った。飯田町紙流通センターの取扱量は、国鉄貨物が衰退の道を歩んだ昭和50年代にあっても増加傾向を示し、ＪＲ貨物が発足した１９８７（昭和62）年度に、ピークとなる年間79万

本来はパレット輸送用だが、側面総開きのためロール紙の輸送にも長く使われたワム80000形。（日本国有鉄道『これからの貨物輸送』より／物流博物館蔵）

トンを記録した。

紙製品輸送全体としては、１９７０年代後半から再び船舶がシェアを伸ばす。国鉄の労働争議により輸送障害が頻発したうえ、特に苫小牧～本州間では当時青函連絡船を介していたため、冬期の津軽海峡の時化によって安定輸送に課題があったからだ。刊行の遅れが許されない新聞・雑誌類にとって紙の安定供給は生命線だ。大手製紙会社は、都内に船舶から直接自動でロール紙を積み降ろしできる設備を建設するなどして、船舶による大量安定輸送体制を整えていった。

１９８６年11月、国鉄最後のダイヤ改正で車扱貨物列車はすべて物資別の専用貨物列車に整理され、紙製品輸送列車は60本が設定された。飯田町紙流通センターも、平成に入ると新聞社や印刷会社の工場の郊外移転が進んで取扱量が減り、１９９９（平成11）年に武蔵野線の新座貨物ターミナルと荒川区の隅田川駅構内に保管・配送センターを建設して移転した。飯田町駅は廃止され、現在は飯田橋アイガーデンテラスに再開発されている。

現在の紙製品輸送は、ワム８００００形・ワキ５０００形に代わり9トン積の20フィート両側開き専用コンテナ30Aが開発され、後継の30Dなどとともにコンテナ列車によって輸送されている。

嵩張る上に、発着地が集約されている紙輸送は鉄道がその特性を発揮しやすい物資で、現在も一定量をコンテナで輸送している。

⑥自動車輸送

オイルショックを労使紛争が追い打ち

日本の自動車産業は戦後急速な成長を遂げた。工場で製造された乗用車は、生産量が少ないうちは船舶のほか、自走やトラックで運搬されていたが、前者は生産量の増加によって現実的でなくなり、後者は当時の道路状況では輸送力が十分でなかった。

自動車専用急行「アロー」号。（日本国有鉄道『これからの貨物輸送』より／物流博物館蔵）

　昭和40年代に入ると国鉄は成長著しい自動車産業に注目してク９０００形車運車を２両試作し、１９６６年７月から東小金井〜笠寺間で試験運行を開始した。ク９０００形は上下二段積８台積載の乗用車専用貨車で、最高時速は85㎞だった。

　東小金井〜笠寺間では、プリンス自動車（現・日産自動車）と三菱重工業（現・三菱自動車）の乗用車が相互に試験輸送された。東小金井からはプリンス自動車村山工場で生産された車が、笠寺からは三菱自動車大江工場で生産された車が輸送された。３カ月にわたる試験輸送は、輸送中に自動車に汚れが付着するといった軽微な問題はあったもののおおむね良好な成績を収め、ク９０００形はク５０００形として量産を開始。同年10月から発着基地を７カ所追加して、三菱、日産、トヨタ、いすゞ、ダイハツ、富士重工業（現・ＳＵＢＡＲＵ）の各社が参画する本格的な自動車輸送がスタートした。

１９６７年10月改正からは自動車輸送専用急行貨物列車「アロー」号が新設され、全国18の自動車中継基地を８本の列車が結んだ。「アロー」号は、翌１９６８年10月改正で17本体制となってから毎年増発され、１９７０年10月改正では28本体制にまで増強された。この年の自動車輸送台数は73万４０００台に達し、岡多線（現・愛知環状鉄道）北野桝塚駅には１万台のモータープール（駐車スペース）を備える大規模基地が開設された。ク５０００形も１９７３年度までに９３２両が生産されて、国鉄の物資別適合輸送を代表する輸送品目に成長した。

しかし、自動車輸送もここから状況が暗転する。１９７３年10月に第四次中東戦争が勃発すると、日本でもオイルショックと呼ばれる景気低迷が広がった。さらにこの頃から国鉄の労使関係が悪化し、労働争議が頻発。自動車業界は、需要が低迷したうえに鉄道では時間通りに輸送できないという状況に陥った。さらに１９７４（昭和49）年から始まった、相次ぐ国鉄運賃の大幅な値上げによって鉄道輸送は競争力を失い、自動車メーカーは道路網の充実を背景にトレーラーと船舶による輸送に次々と切り替えていった。

鉄道による自動車の輸送量は１９７２年度に２２４万トンから、わずか３年後の１９７５（昭和50）年度には１０５万トンと半減し、１９８２（昭和57）年には、自動車輸送は5区間のみに縮小、1985年3月改正で全廃されたのである。

なお、JR貨物発足後の1988（昭和63）年から、宇都宮貨物ターミナル〜本牧埠頭間でク5000形による自動車輸送が再開されたが、運賃面で競争力を発揮できず、1996（平成8）年3月に運用を終了。さらに1991（平成3）年からは、自動車専用コンテナを使用するカーラックコンテナの運用が開始されたが、積載できるコンテナ車がコキ71形に限られ、輸送力も小さいことなどから普及には至らず、2000年代に運用を終了している。

⑦鉄鋼輸送
専用貨車増産も持て余すことに

高度経済成長によって、生産量が飛躍的に伸びたものの一つが、鋼材などの鉄鋼製品だ。原料を海外からの輸入に頼る鋼材は生産工場が臨海地区に集まっており、ここから全国の中継基地までは船舶によって輸送されていた。

生産・陸揚げ地と中継基地との間を鉄道が輸送していた他の物資と異なり、鉄鋼は中継基地から先の、需要地までの輸送を主に担当していたことが特徴だ。鉄鋼の全生産量のう

大型冷間圧延鋼板コイルを輸送するためのトキ1000形。水濡れを避けるために蛇腹状の幌を装備している。（日本国有鉄道『これからの貨物輸送』より／物流博物館蔵）

ち、鉄道で輸送される割合は２割に満たない程度だったこともあり、新たに中継基地を整備するのではなく、さまざまな鉄鋼輸送に合った専用貨車の開発に力が注がれた。

　１９６６年、有蓋貨車のワキ９０００形が２両試作された。30トン積の有蓋貨車で、一見普通の大型有蓋車に見えるが、コイル鋼板と呼ばれるロール状の鋼板をクレーンで荷役できるよう、貨車側面だけでなく屋根部が左右に開くようになっていた。また、１９６８年からは無蓋貨車のトキ１０００形も５両が製造されたが、どちらも製造コストの高さから量産化は見送られ、トキ１５０００形を改造した33トン積トキ２１０００・２１１００・２１２００・２１４００・２１５００形の各形式が、計１１７両投入された。また、板状の厚鋼板用貨車として35トン積のトキ２３０００形とチキ４７００形が、それぞれトキ１５０００形から45両、チキ１５００・４５００形から27両改造された。

改造貨車に支えられた鋼材輸送列車は、１９６６年8月以降、室蘭～栗山間や塩浜操（現・川崎貨物）～籠原間、播磨～土橋（名古屋鉄道三河線）などの区間で運行され、年間５００万トン前後の輸送量を維持した。しかし、１９７０年代に入ると景気の冷え込みから鉄鋼製品の需要が落ち込み、せっかく用意した専用貨車を持て余す事態となる。やがて、オイルショックによるさらなる生産量減少と、国鉄の労働争議による不安定輸送によって鉄道による鉄鋼輸送量は急速に減少。１９８４年2月改正から車扱貨物列車が大幅に削減されると、輸送ルートが制限されて１９８６年度には年間37万トンにまで落ち込んだ。

ＪＲ貨物発足後も、柔軟な輸送ができない鉄道による鉄鋼輸送は減少を続け、無蓋貨車による鉄鋼輸送は２００３（平成15）年度を最後に廃止された。その後は、鉄鋼輸送に合った無蓋コンテナが開発されて、一部で鉄鋼輸送が実施されている。

多様化する需要に対応できなかった物資別適合輸送

物資別適合輸送は、さまざまな物資に対して鉄道輸送の特性を活かせるよう、地上設備と車両の整備が進められたが、決められた線路の上をダイヤに沿って運ぶことしかできない鉄道は、多様化・細分化する荷主の輸送要請に応えられなかった。そこへ、労働争議による不安定輸送と毎年のように行われる運賃値上げ、そして国鉄改革に伴う輸送ルートの減少により、多くの品目は鉄道輸送の利点を失い自動車や船舶に輸送手段が移っていった。

　仮に、労働争議や運賃値上げがなかったとしても、ニーズが多様化した現代では、多くの品目が鉄道輸送を維持できなかった可能性が高い。一方で、石油・ガソリン・化学薬品といった取り扱いに危険が伴う品目や、紙製品のように生産地と需要地の双方が限定され集約輸送がしやすい品目は、現在も一定の輸送需要を獲得して物流を支えている。

第6章　国鉄貨物のスター的存在だった鮮魚特急列車

時速１００㎞で市場へ直行、所要時間を丸１日短縮

　昭和40年代、国鉄貨物の花形だった列車が、鮮魚特急列車の「とびうお」と「ぎんりん」だ。安定性の高い密着式自動連結器と、応答性の高い電磁自動空気ブレーキを装備し、空気ばねつきの高速台車ＴＲ２０３を履いた高速冷蔵車レサ１００００形とレムフ１００００形。機関車も、運行開始からはやや遅れたものの、１時間定格出力３９００kWを誇り１０００トンの貨車を牽引して時速１００㎞で走れるＥＦ66形直流電気機関車が開発され、山陽・東海道本線を当時の貨物列車としては異例のスピードで駆け抜けた。

「とびうお」は、山口県の幡生操車場と、東京の築地市場場内にあった東京市場駅とを結んだ鮮魚特急列車だ。長崎や唐津、博多方面からの貨車と下関からの貨車を集結して、最大20両で運行された。山陽本線と東海道本線を寝台特急並みのスピードで走行し、幡生（操）～東京市場間を約18時間で走破した。一方の「ぎんりん」は、博多港駅と、大阪環

山陽本線庭瀬駅を通過する鮮魚列車。1985年。(写真：spaceaero2 ／ CC BY 3.0)

状線野田駅の近くにあった大阪市場駅を結んだ最大12両の鮮魚特急列車だ。博多港～大阪市場間では、従来の26時間から12時間25分と倍以上の速達化を実現した。

「とびうお」と「ぎんりん」が運行を開始したのは、１９６６（昭和41）年10月１日のダイヤ改正からだ。この改正では、初めて旅客特急並みの時速１００㎞運転を行う「高速特別急行貨物列車」（20ページ）がデビューした。高速特別急行貨物列車はコンテナ列車や小口混載貨物列車にも設定されたが、中でも鮮魚特急列車は大きな注目を浴びた。

鮮魚の輸送は、発送する側は水揚げの関係からなるべく遅い時間に、到着地側は、早朝に行われる市場のセリに間に合わせるため、未明までに到着する必要がある。下関から東京への鮮魚輸送の場合、「とびうお」登場以前は、下関の北にある幡生操車場17時16分発の１５６列車で発送し、汐留駅には翌日の21時51分に到着するというダイヤだった。下関漁港の引込線から貨車を引き出す時間を含めると、築地市場までの所要時間は31時間あまり。例えば4月1日に水揚げされた鮮魚は、翌4月2日に下関の魚市場にかけられ、１５６列車で発送。3日の夜に汐留駅を経て東京市場駅（築地市場）に到着し、4日早朝のセリにかけられて、4日の昼から魚屋や料理店で売られた。発送した日（4月2日）から数えて3日目に小売りされることから、これを「三日売り」という。また、長崎など九州の漁場から送られて来る鮮魚はさらにもう1日を要した。

「とびうお」の登場によって、こうした鮮魚のリードタイム（輸送時間）は劇的に短縮された。「とびうお」は下関からの貨車と香椎・長崎方面からの貨車を連結して幡生操車場を7時35分に発車。翌日未明の1時に東京市場駅に到着する。4月1日に水揚げされた鮮魚は、2日午前3時から開かれる下関の魚市場に持ち込まれて朝の「とびうお」で発送。3日未明に築地市場に到着し、セリにかけられてその日の昼には都内の魚屋や料理店に入荷した。ちょうど1日短縮されて「二日売り」となり、より新鮮な魚介類を首都圏で食べられるようになったのである。当時のトラックは下関～東京間に24時間を要し、運転手への負担や安全性を含め、鮮魚特急列車には大きなアドバンテージがあった。

地元水産業界の猛反発にあった鮮魚特急列車の計画

下関は、高級魚の代表格でもある「フグ」（下関では「ふく」と呼ぶ）の産地だ。「とびうお」のおかげで東京の高級料亭に獲れたてのフグを供給できるようになったのだが、実は運行開始までには紆余曲折があった。下関の水産業界が、鮮魚特急列車の運行に一時強く反対したからだ。

鮮魚特急列車の構想が生まれたのは、１９６４（昭和39）年のことだ。この頃、国鉄は貨物輸送の改善策として、従来よりも高速な貨物列車を整備する計画を立てていた。そこへ、下関の水産業界から「下関を朝7時頃に発車して、名古屋・焼津・沼津などを経て東京市場（築地市場）に至る鮮魚特急列車を運転してほしい」という陳情がなされた。午前3時に始まる下関の魚市場に持ち込まれた鮮魚を直ちに発送する、下関専門の鮮魚列車の要求だった。

１９６５（昭和40）年5月、国鉄は高速鮮魚列車の運転計画案を水産業界に提示する。それは、

・幡生操車場を7時頃発車、東京市場着は翌朝未明1時頃
・中間駅での営業停車はしない

・九州方面からの貨車と併結する

というものだった。下関出発後、翌朝のセリに間に合わせるには、機関士の交代などを除いて東京までノンストップで直行しなくてはならない。また、鮮魚輸送のような拠点間直行輸送は貨物をなるべく集約するのが鉄則だ。そこで長崎など北九州からの水産物を取りまとめて、下関の水産物と一括して輸送する、という考えだ。国鉄案は、鉄道貨物輸送の理にかなっていた。

だが、これに下関の水産業界が反発した。下関は、長崎など北九州の水産業界と競合関係にあった。下関発の鮮魚列車を陳情したのも、東海・関東地方への出荷について優位に立ちたいという思惑があったからで、北九州の鮮魚との「相乗り」は容認できなかった。「この列車は元々下関の業界が陳情したものだ」「九州は九州で別に列車を陳情すべき」「中間駅に停車すれば下関単独で成り立つ」と紛糾したのである。

国鉄が、「東京市場への到着時刻は午前１時より遅らせることはできない。下関発車は6時半頃、漁港線からの貨車引き出しは5時半頃になる。従来の１５６列車は鮮魚列車としては存続しない」と説明すると、地元の反対機運はますます強まった。

「5時半発では、3時の開市後に持ち込まれた魚の積込みは不可能で、１日前に積み込んだ魚しか利用できない。よって、九州の魚は１日早くなるが、下関は今までと変わらない」

と主張したのである。

最終的には、下関駅での入換作業を改善して、漁港線からの引き出し時間を６時４分まで繰り下げることなどでなんとか合意が成立。市場に持ち込んだ鮮魚をすぐに発送できる体制が整えられた。

一悶着あった鮮魚特急列車だったが、運行開始後は、そのスピードが高く評価され、順調に輸送量を伸ばした。さらに、レサ１００００形冷蔵車の保冷性能によって氷の使用量が減少し、従来よりも積載効率が改善するといった利点も明らかになった。

ＥＦ66形電気機関車のデビューによって輸送体系が完成

市場のセリに絶対に間に合わせなくてはならない鮮魚特急列車は、運行ダイヤ上、最優先の列車だった。旅客列車はもちろん、同じ高速特急貨物列車であるコンテナ特急すら追い抜くダイヤが組まれた。１９６６年11月には、高速特別急行貨物列車用の機関車として試作されたＥＦ90形を試験投入。運用実績をもとに１９６８（昭和43）年からＥＦ66形直流電気機関車として量産が開始され、それまでのＥＦ65形の重連に代わって「とびうお」「ぎんりん」を牽引した。当時狭軌用直流型電気機関車として世界最大の出力を誇ったＥＦ66

左：三陸からの列車で使われていた鮮魚用丸型木樽。手鉤を使って荷役をしている。1969年。右：陸中山田駅で荷役中の鮮魚列車。貨車に書かれた「尻内駅」とはいまの八戸駅のこと。1969年。（ともに物流博物館蔵）

形の投入は、鮮魚特急列車の輸送力をさらに高めた。ＥＦ65形が牽引していた時は、急勾配区間である山陽本線瀬野〜八本松間で牽引定数（設定速度に対して機関車が牽引可能な最大重量）が不足し、「とびうお」は７両を前日に姫路まで先送りしておくという不完全な運行形態だったのが、ＥＦ66形の投入によって解消したのである。また、この時「ぎんりん」も12両から20両に増車している。

この改正では、首都圏へのもう一つの鮮魚の供給地である三陸地方から、鮮魚列車が設定されている。こちらは、新札幌からのコンテナ急行列車「第２北たから」に八戸線鮫、湊（現在は廃止）、山田線宮古港（同）、大船渡線気仙沼など三陸地方各駅からの冷蔵車レサ５０００形を順次併結して東京市場駅まで運行されたもので、やはりセリまでの日数を１日短縮。鮮魚列車としては「とうりん」の愛称が与えられ、三陸地方の新鮮な魚介類も東京の食卓に並ぶようになった。

ところで、鮮魚特急列車には、一つ大きな弱点があった。それは、鮮魚列車は完全に片道輸送で返路は空車回送となっ

築地市場の鮮魚ホーム。三陸からの鮮魚列車が到着したところだ。1969年。（物流博物館蔵）

てしまうことだ。午前1時に東京市場駅に到着した「とびうお」は、積荷を下ろすと3時50分には発車。ほぼ全貨車が空車の状態で幡生、そして長崎・西唐津まで返却された。輸送が片道になる問題は、石炭などの鉱石輸送なども同様だったが、鮮魚特急列車は毎日１０００㎞に及ぶ長距離の空車返却となる点が不経済だった。

そこで、１９６７（昭和42）年10月から実施されたのが、汐留駅から九州方面への冷凍魚輸送だ。これは遠洋漁業により都内の冷凍倉庫に保管された、大手水産会社が扱うすり身、鯨、たこ等の冷凍製品を、下関・福岡・長崎などの地方都市へ輸送するもの。通常、東京市場駅に到着した「とびうお」の冷蔵貨車はただちに下関に向けて回送されるが、返路利用の申し込みがあった車両は汐留駅に１日留め置き、冷凍魚を積み込んで翌日の回送便に連結して下関方面へ送った。もっとも、多くの水産加工品はトラックできめ細かく輸送されており、冷凍魚輸送に充てられた貨車は平均して１日１〜２両程度に留まったから、返却列車の有効活用と言えるほどの実績は残せなかった。

なお、「とびうお」「ぎんりん」「とうりん」などの列車愛称は、１９７３（昭和48）年10月のダイヤ改正で正式名称としては廃止されたが、その後も列車の廃止まで広く使われ続けた。

長くは続かなかった、鮮魚特急列車の時代

国鉄貨物のエースとして、貨物列車としては異例の知名度を誇った鮮魚特急列車だったが、その活躍は長くは続かなかった。１９７０年代に入ると漁獲量が減少したうえ、冷凍技術や養殖技術が向上。遠洋漁業による冷凍魚や養殖魚の流通量が増えて、流通方法も多様化したからだ。

東京市場駅の魚１番線はセリが行われる仲卸業者売場に直結しており、鮮魚列車で到着した鮮魚はただちにセリにかけられるようになっていた。すべての鮮魚が「到着→セリ→

魚屋・料理屋」という手順を踏む時代なら、鮮魚特急列車は活躍できた。ところが、冷凍魚や水産加工品は、市場に持ち込まれてもすぐセリにかけられるとは限らない。市場周辺の倉庫に保管されることも多く、わざわざ貨車からトラックに積み替えて倉庫に運ぶのは不経済だった。サイズなどが規格化された養殖魚は、市場を経由せず大手水産会社などが直接買い付ける市場外流通も増加した。

また、東京市場駅のホームは１線しかなく、絶えず１本の列車が、セリが行われる仲卸業者売場を占有してしまうことも不都合だった。トラックならいつでも臨機応変に搬入できるのに、列車はいちいち入換作業を行わなくては次の商品を搬入できない。しかも、公平性のためとして、鮮魚列車の到着は出発地の方面ごとに順番となることが慣例となり、ダイヤの硬直化を招いた。

貨車の大きさも足かせとなった。レサ１００００形は24トン、車掌室付きのレムフ１００００形は16トンの鮮魚を搭載できるが、こうした貨車に鮮魚を満載するには、多数の水産業者がまとまって発送する必要がある。しかし、水産物の流通が多様化してくると、これも時代に合わなくなった。

さらに、下関の場合は１９７４（昭和49）年にふくの市場が漁港線のある唐戸市場から６㎞も離れた南風泊市場に移り、利便性が損なわれた。こうしたさまざまな要因から、鮮魚特急列車はその特性を発揮できなくなり、トラック輸送への移行が進んだ。下関漁港線からの鉄道による鮮魚輸送量は、１９６６（昭和41）年度の年間18万トンから１９８２（昭和57）年度には年間2万トンにまで落ち込んだのである。

　貨車の老朽化も問題となった。冷蔵車であるレサ１００００形・レムフ１００００形は絶えず水に濡れ、潮風の影響も受け続けることから劣化が速く、１９８０年代に入ると年間10億円もの修繕費がかかるようになった。

　そこで国鉄は、貨物輸送体系の大変革を実施した１９８４（昭和59）年2月改正で「とびうお」「ぎんりん」を廃止し、冷蔵コンテナによるコンテナ輸送に切り替えることを計画した。しかし、鮮魚用冷蔵コンテナのような特定用途のコンテナは私有コンテナとして製造・維持コストを荷主が負担するのが原則だったことから水産業界が反発。「ぎんりん」はコンテナ特急化されたものの、「とびうお」は当面存続となった。

　だが、この改正で東京市場駅が廃止されて汐留駅構内扱いとなり、さらに国鉄最後のダイヤ改正である１９８６（昭和61）年11月のダイヤ改正で汐留駅も廃止が決まると、到着駅を失った「とびうお」に居場所はなくなった。レサ１００００形などの冷蔵車とともに鮮魚特急列車は全廃され、鮮魚輸送はＪＲ発足を前に、全面的にコンテナ輸送に切り替えられたのである。

第7章　国鉄貨物輸送と切っても切り離せない「通運」とは

鉄道貨物輸送の両端で貨物を運ぶ「通運事業者」

国鉄の貨物輸送を語る上で、必ず出てくる言葉が「通運」だ。今も、「日本通運」や「福山通運」といった老舗運送会社の企業名に多く見られる言葉で、「鉄道と連携して、荷主と貨物駅との間の輸送を行う」ことを指す。具体的には、貨物を送りたい人の元に出向いて貨物を受け取り、国鉄の貨物駅に持ち込んで貨物列車に積み込んだり、あるいは到着した貨物列車から貨物をおろし、配達先まで届けたりする業務のことだ。国鉄時代には「通運業」と称したが、現在は「鉄道利用運送事業」が正式名称だ。トラック輸送のように、集荷から配達まで一度も鉄道を利用しない場合は、原則として「通運」とはいわない。もっとも現在は、「通運」を名乗る企業も鉄道コンテナ輸送だけでなく、トラック輸送や倉庫業などを幅広く手がけているのが普通だ。

貨物列車は線路のある場所にしか行けないから、鉄道貨物輸送は列車による輸送だけでは完結しない。コンテナ輸送に限らずほとんどの鉄道貨物輸送では、貨物列車の両端で、通運事業者による自動車輸送が行われてきた。鉄道貨物と通運事業者は、切っても切れない関係なのだ。

国鉄時代には、最も多い時で全国に１０００を超える通運事業者があったが、圧倒的なシェアを持っていたのが日本通運だ。貨物を取り扱う国鉄駅の横には、たいてい「通」のマークを掲げた日本通運の支店があった。これは、戦時期に通運業者の多くが国策企業である日本通運に統合された名残だ。

国鉄時代、通運業は通運事業法に基づく免許事業で、一般的なトラック運送会社は通運業に関わることができなかった。つまり、「国鉄さん、うちのトラックでお安く貨物を運びますよ」と勝手に営業することはできず、厳しい審査を経た末に運輸省から「国鉄の貨物を運ばせてあげましょう」と許しを得る世界だった。

明治の流行語だった「通なんとか」

なぜ、そのような仕組みになったのか。それは、鉄道と物流の歴史が関係している。

簡単に、通運の歴史を見てみよう。日本で鉄道による貨物輸送が始まったのは、新橋〜

東京名所之内新橋ステンション蒸気車鉄道図。貨物の取扱いがなされている。（物流博物館蔵）

明治末～大正初期の内国通運株式会社日本橋集荷所。（物流博物館蔵）

横浜間が開業した翌年、１８７３（明治６）年からだ。だが、当時の貨物輸送は「ステンション」から「ステンション」まで貨物列車で輸送するだけ。集貨・配達は行わず、物を運びたい人はステーション、つまり鉄道駅までの輸送手段を自分で確保しなくてはならなかった。当時は道路事情も悪く、農作物や醤油・味噌・酒、工業製品などさまざまな物資を運びたいという需要はあっても、駅までの輸送手段がなかった。ほとんどの人にとって、鉄道は利用しづらい状況だったのだ。あるいは、仮に駅までの輸送手段があったとしても、運賃をはじめとする貨物輸送のルールは駅備えつけの「鉄道貨物運送補則」を細部まで理解しなくてはならず、当時の一般市民にはハードルが高かった。

そこで、「さまざまな手続きや、鉄道駅までの集貨・配達を代行する商売をすれば儲かる」と考えた商人が現れた。それが、現在の三井グループのルーツである三井組だ。三井組は、１８７２（明治５）年の品川～横浜間鉄道仮開業の時から乗車券の販売と貨幣の鑑別（検査）を担当していたため、鉄道寮（明治政府の鉄道部門）とは密接な関係にあった。

明治時代のマルツウ傘下の駅前運送店である飯田大八の引札。明治23年。（物流博物館蔵）

１８７３年8月20日、三井組は鉄道寮から貨物の取扱事業者として許可を受けた。これが、日本における鉄道利用運送事業、つまり通運業の始まりだ。

最初は三井組が独占していた鉄道利用運送事業の請負は、まもなく他の企業にも開放されることになる。ここで頭角を現したのが、江戸時代の飛脚問屋をルーツとする内国通運会社だ。内国通運は飛脚問屋時代からの陸上運送ネットワークを活かし、鉄道の延長に合わせて全国で次々と鉄道運送業を開拓。三井組を追い越して、一時的に道路と鉄道の運送事業を独占することになった。

この「内国通運」の社名に、「通運」の文字が見られる。明治初期、日本では広く商いを行う「通商」、現在の「通訳」を意味する「通弁」など「通なんとか」という言葉が流行していた。そこで、当時最先端の技術だった鉄道に関連する運送業の名称として、新時代を象徴する「通」と「運送業」を組み合わせて「通運」という言葉が考案されたといわれる。平成の日本で、「Ｊリーグ」がブームになると「Ｊポップ」「Ｊビーフ」など「Ｊ」をつけた言葉がやたらと流行したことに似ている。「通運」は、時代の最先端を象徴する新語だったのだ。ただし、当時の「通運」は通称で、正式には「小運送」と呼ばれた。

昭和戦前期の合同運送店、鳥取合同運送株式会社。「鉄道省指定運送取扱人」の看板が見え、三輪トラックには内国通運の「E通E」マークが見える。（物流博物館蔵）

激増する小運送業者を管理・抑制するために許可営業制導入

さて、内国通運による小運送の独占は、長くは続かなかった。１８７９（明治12）年、内国通運の後ろ盾となっていた山縣有朋政権が崩壊し、誰でも小運送業に参入できるようになったのだ。当時はまだ日本に自動車はなく、小運送は人力の荷車か、荷馬車に頼っていた。逆にいえば、小運送は荷車か荷馬車さえ用意すれば小資本でも参入できる商売だった。最先端の技術である鉄道に関連する商売として信用も得やすく、鉄道の発展とともに全国に小運送業者が急増した。その結果、鉄道貨物を取り扱う小運送業は、明治末期には全国に数千を数えるまでに膨らんだ。

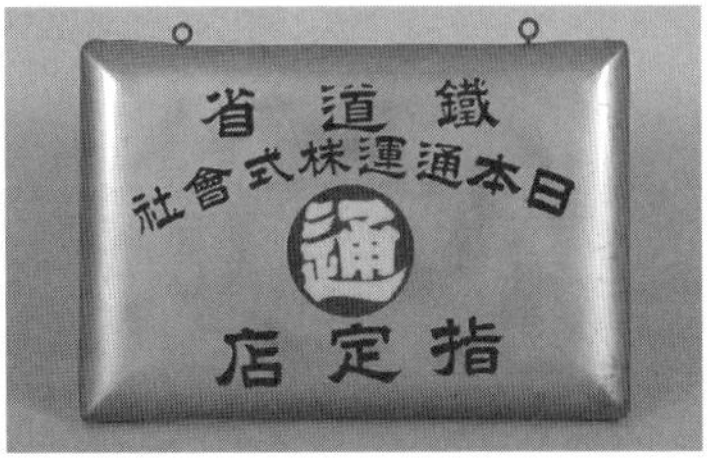

日本通運株式会社統合以前の日本通運の指定店看板。（物流博物館蔵）

小運送業者の激増は混乱を招いた。鉄道貨物は必ず貨物駅の、それも貨車周辺の限られた空間で荷役作業を行うが、業者が増えすぎればスムーズな荷役作業はできなくなる。過当競争となって不当廉売やインチキ紛いの契約など、不適切な取引も多くなった。

鉄道院や鉄道省は、公認制度である「公認運送取扱人制度」を定めたり、一駅一業者制を導入したりといった方策で業界の規律を正そうとしたが、強制力がなく、零細小運送業者はなかなか減らなかった。

こうした混乱を収束させるため、１９３５（昭和10）年に打ち出された方針が、「半官半民の統括会社の設立」と、「運送取扱業を許可営業制とすること」だった。

この方針に基づき、１９３７（昭和12）年４月に「小運送業法」と「日本通運株式会社法」が成立した。小運送業を行う事業者は鉄道省による許可営業制となり、信用の低い業者は参入できなくなったのだ。同時に、国内の小運送業を統括する企業として、政府が半額を出資する日本通運株式会社が設立された。この時点では、日本通運は全国約８０００の事業者を加盟店として傘下に収めただけだったが、日本が戦争への道を歩むと、物流を一元管理するために各地の小運送事業者を日本通運に吸収合併する方針に転換していく。

最終的に日本通運は１６８２社を統合し、鉄道貨物の集貨・配達はもちろん、積卸作業や操車場での貨車の中継、入換作業などを管理運営する準国営の組織になった。

増えすぎて収拾がつかなくなった小運送業者を整理・管理するために、許可営業制が導入されて元締めとしての日本通運が設立されたが、そのシステムはやがて戦時体制に組み込まれて国による物流の管理統制に利用されたのである。

日本通運の独占体制が解かれた戦後の通運業

１９４５（昭和20）年８月15日、日本の敗戦によって戦争が終わると、連合国軍最高司令官総司令部（ＧＨＱ）が設置されて民主化・自由主義化の指令が次々と発せられた。財閥解体を目的とした過度経済力集中排除法や独占禁止法の制定などが実施される中、小運送も日本通運による独占が排除されることになり、「小運送業複数制要綱」が閣議決定される。１９５０（昭和25）年７月までに、２７１の業者に新しく小運送業を行う免許が与えられた。この時、日本通運をはじめとする戦前からの事業者を「旧免業者」、「小運送業複数制要綱」によって新しく免許を受けた事業者を「新免業者」と呼ぶようになった。

１９４９（昭和24）年６月１日、運輸省鉄道総局が行政組織から切り離されて、独立採算制による公共企業体「日本国有鉄道」が発足した。同年12月には「通運事業法」をはじめとする法律が制定されて、日本通運は純粋な民間企業に改組されることになった。「通運」が正式な法律用語になったのは、この時からだ。

戦時体制下で国鉄と深く結びついていた日本通運は、貨物駅などの国鉄所有地内に荷役機械や倉庫、入換用車両など多数の施設を保有していたが、民営化と同時に日本通運施設処理法が施行され、こうした施設はすべて国鉄に譲渡されることになった。通運業の独占が排除されて、数多くの民間企業が施設を利用することになるからだ。

こうして、通運業は日本通運の独占体制を解かれ、多くの事業者による自由公正な競争体制のもとで新たなスタートを切った。一方で、秩序ある通運業務を維持するために、運輸省による許可営業制は維持されたのである。

だが、そこにはいくつかの問題をはらんでいた。

一つは、結局は日本通運の一強状態が続いたことだ。通運業の門戸が広く開かれたとはいえ、現実には日本通運が市場の大部分を占めていた。１９６１（昭和36）年度には、全国に８６８の通運事業者が免許されていたが、日本通運の取扱量が約１億４０００万トンだったのに対し、残る８６７社の取扱量の合計は約９０００万トン。米麦など政府が管理する食糧の輸送は依然として日本通運が独占しており、自由公正な競争体制といえるかは怪しかった。

昭和30年代に入ると、日本通運とそれ以外、特に新興業者である新免業者との企業体力が問題となった。自動車が普及してくると、荷馬車に頼っていた時代よりも駅から集貨・配達できる範囲が広くなる。すると、貨物列車をいちいち各駅に停車させるのではなく、主要駅だけに停車させて、周辺地域の貨物を一括して積卸した方が効率がよい。そこで国鉄は、貨物取扱駅の集約・削減を推進した。１９５８（昭和33）年12月には、当時全国に約３９００あった貨物取扱駅を３分の１程度まで集約すると発表したのである。

ところが、これが新免業者には大きな問題だった。多くの事業者は特定の駅周辺のごく狭い範囲にしか営業地域を持たず、貨物取扱駅の集約に対応できなかったのだ。そこで、小規模な業者でも輸送と運賃計算を連携して全国的な一貫輸送サービスを提供できるよう、１９５９（昭和34）年3月に全国通運株式会社が設立された。

「持ちつ持たれつ」からライバルに変化する国鉄と通運

もう一つ大きな問題があった。それは国鉄と通運事業者の関係が変わったことだ。

国鉄は、昔から貨物の営業、つまりセールス活動を通運事業者に委ねていた。顧客である荷主と接して、運賃を受け取るのは国鉄ではなく集配作業を行う通運事業者だったから

汐留貨物駅を出入りする夥しい数の日本通運東京支店のオート三輪。（物流博物館蔵）

だ。これは、国鉄が国内の陸上輸送を独占していた時代であれば、何ら問題はなかった。国鉄にライバルはなく、しかも鉄道省として通運事業者を管理監督する立場であり、通運事業者が集めてきた貨物を粛々と輸送してあげればよかったのだ。

ところが、戦後道路網が整備されて自動車輸送が発達してくると、預かった貨物を車で直接運んだほうが、鉄道に積み替えるよりも効率的なケースが出てくる。しかも、国鉄はすでに通運事業者を監督する立場にはなく、どちらも運輸省の管轄下にある、いわば対等な関係だ。民間企業である通運事業者が、鉄道を利用しないトラック運送事業に進出するのは、ごく自然な成り行きだった。特に大手の事業者は、鉄道、自動車、倉庫業など幅広く手がける総合物流企業を目指すようになった。

国鉄としては、当然面白くない。国鉄貨物のセールス活動を握る通運事業者が、鉄道のライバルであるトラック輸送に進出すれば、国鉄貨物はないがしろにされてしまうかもしれない。これは、問題のある行為ではないか……。国鉄は、鉄道輸送が低迷する一因は通運事業者がトラック輸送などの兼業を行っていることに原因があるとして、法律でこれを規制するよう運輸省に働きかけた。

この問題は、運輸大臣に専門的な立場から助言をする運輸経済懇談会などで検討されたが、結局「通運事業者が、通運業とトラック輸送を兼業することは民間企業として当然のことである」として退けられた。

通運事業者が自らトラック輸送の営業を行うなら、貨物の営業を通運事業者に任せておくわけにはいかない。国鉄は、コンテナ輸送を推進してトラックとの協同輸送を強化すると同時に、貨物の直販体制を強化することを選択した。

通運事業者に頼り切らない貨物営業を進めるために、国鉄が主要駅に設置したのが貨物営業センターだ。１９６０（昭和35）年10月、秋葉原駅に初めて設置され、顧客からの運送申し込みを直接引き受けた。逆にいえば、それまで国鉄貨物は顧客である荷主と直接接する場を持たなかったのだ。

１９６５（昭和40）年には、工業地帯を中心とした主要95駅に貨物営業センターを設置し、職員３００人を配置して販売促進を図る営業体制を整備した。だが、貨物営業センターは各貨物駅の1セクションであるため営業範囲が限られ、営業活動にしても担当者に運賃割引に関する決定権がなかった。運賃割引は最大3割引きまでと制度で決められ、かつ割引率の設定には国鉄支社や本社の決裁が必要だったのだ。しかも、営業センターの営業担当が上層部に割引率を上申しても決裁には2〜3カ月を要した。その間に、トラック運送会社は国鉄が太刀打ちできない見積もりを出し、国鉄の顧客をさらっていった。

国鉄の貨物取扱量がピークを迎えた１９７０（昭和45）年、国鉄と通運事業者は一方では鉄道輸送にお互い欠かせない存在として支え合いつつ、もう一方では強力なライバルとして顧客獲得競争を続けていた。この年、国鉄はそれまで駅内組織だった貨物営業センターを各鉄道管理局の営業部直属として、より広範囲の営業活動ができるように改め、人員も増員している。

鉄道輸送と自動車輸送の垣根が取り払われた現代の通運

しかし、この頃から国鉄は労使関係が悪化して労働争議が頻発し、貨物列車の運休や大幅遅延が増えたことから通運事業者の国鉄離れが一段と進んでいく。さらに、毎年のように繰り返される運賃値上げや、１９７８（昭和53）年以降急速に進んだ貨物取扱駅の削減・集約は、通運事業者により多くのコスト負担を強いることになった。鉄道貨物は通運事業者にとってコストばかり高くついて柔軟性に欠ける輸送形態になってしまい、通運業を主体にしていては利益を出すことが難しくなってしまったのだ。この結果、国鉄の分割民営化が打ち出された１９８０年代半ばには、多くの通運事業者が自動車輸送を主体とした物流企業へ変化していくことになった。

１９８６（昭和61）年夏、分割民営化後の経営のあり方について模索していた「国鉄経営改善に関する調査委員会」は、通運業界に対して列車単位での買い上げなど、貨物鉄道会社の売上確保に協力を求めた。これに対して通運事業者が加盟する全国通運連盟は、「鉄道貨物会社の業務運営についての業界意見」を取りまとめ、コンテナ専門の日本フレートライナー株式会社（85ページ）を含めた通運事業者が貨物鉄道会社に対して年間８００億円程度の収入を保証するという方向で決着した。

国鉄が分割民営化されて発足したＪＲ貨物は、自ら「総合物流企業」を目指すようになり、「何が何でも鉄道を使って貨物を輸送する」といった国鉄時代のこだわりは意味を成さなくなった。政府も、外国との物流コストの価格差を埋めるために規制緩和を進め、１９８９（平成元）年12月、貨物運送取扱事業法を制定。１９４９（昭和24）年制定の通運事業法は廃止され、自動車・鉄道・海運・航空それぞれの貨物事業は法律上統一された。

「通運」は、「鉄道利用運送事業」と名称を変え、他の輸送手段と同じ貨物事業の一形態となったのである。

この規制緩和の結果、トラック運送会社の鉄道利用は格段にハードルが下がった。鉄道貨物輸送が原則としてコンテナ輸送に統一されたことと併せ、「鉄道を利用した方が人件費その他のコストが総合的に安くつく」と判断すれば誰でも鉄道貨物を利用できるようになった。これにより、トラック運送会社の鉄道輸送参入が大幅に増加したほか、従来の通運事業者も、長年にわたって培った効率的な積卸技術を活用して、鉄道コンテナを国鉄時代以上に利用することになった。やがて、鉄道の二酸化炭素排出量の低さも再評価されるようになってゆく。

鉄道の独占時代に築かれた「鉄道は特別」という垣根を取り払い、トラックが利用しやすいコンテナ輸送に統一することで、通運事業者は再び鉄道との結びつきを強めている。

第8章　複雑怪奇な？国鉄貨物運賃の仕組み

原則として最短経路で計算された国鉄貨物運賃

現在の鉄道貨物の主流、コンテナ貨物の運賃は、仕組みが比較的シンプルだ。距離に応じて1トンあたりの運賃（賃率という）が決まっているので、主流の12フィートコンテナ（5トン積）1個を運ぶ場合なら、「距離に応じた5トン分の賃率＋集貨料金＋配達料金」で計算できる。割増や割引、消費税といった細かな決まりはあるが、わかりやすい運賃体系だ。

では、国鉄時代の貨物運賃はどのような仕組みになっていたのだろうか。実は、国鉄の貨物運賃の仕組みは、コンテナ料金とは比較にならないほど複雑だった。

国鉄の貨物輸送量がピークに近づいていた１９６８（昭和43）年当時の貨物運賃制度を例に紹介しよう。コンテナ輸送がまだそれほど普及しておらず、貨車を各地の操車場で中継しながら1両単位で輸送する、集結輸送方式（28ページ）による車扱貨物が主流だった時代だ。

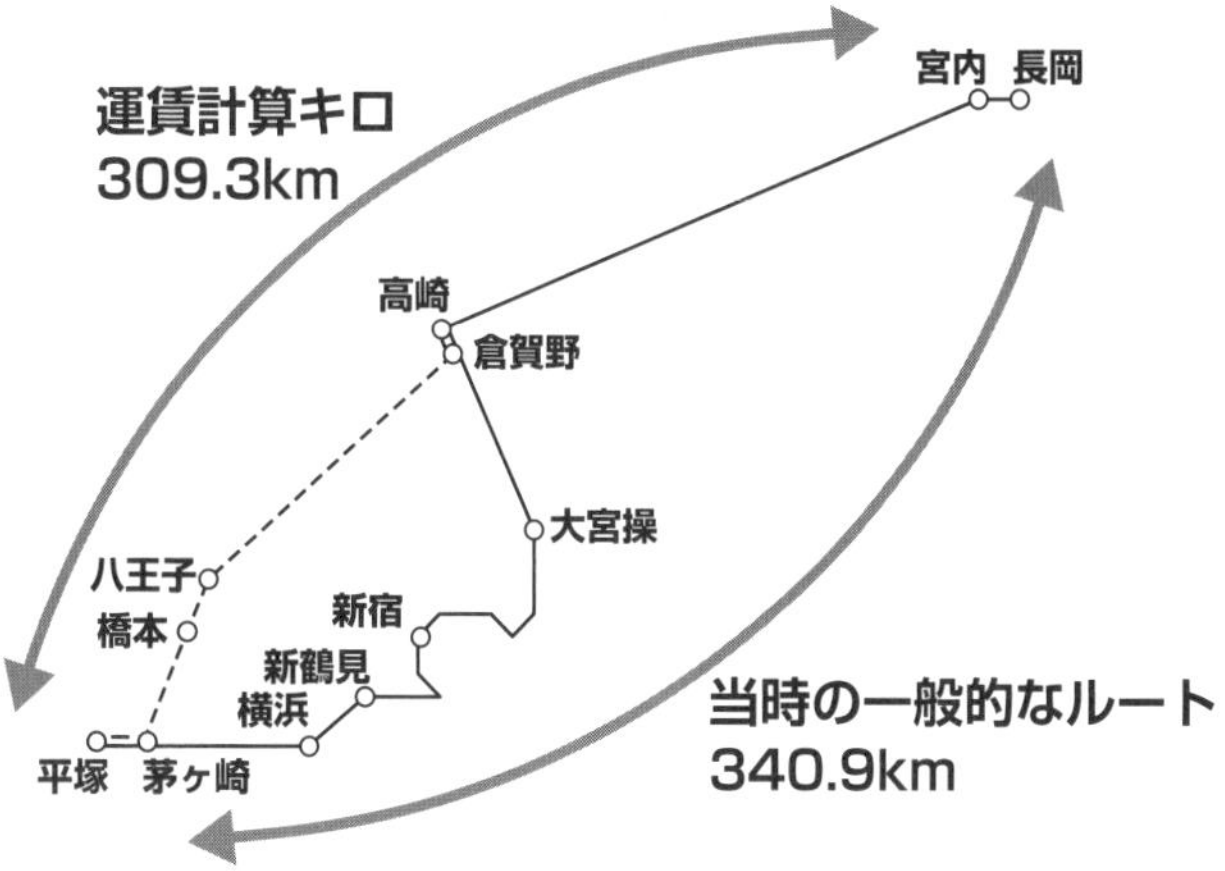

当時の車扱貨物運賃も、「輸送する距離に応じた賃率×運ぶ物の重さ」で求めるという基本的な仕組みは現在のコンテナ運賃と同じだ。だが、賃率の算出には複雑な計算が必要だった。

まず輸送する区間の「運賃計算キロ」を計算する。ところが、操車場を中継する集結輸送方式では、貨車がどの路線を経由して目的地まで輸送されるかわからない。そこで、運賃計算キロは原則として最短ルートで計算する決まりだった。

例えば、東海道本線平塚駅から信越本線長岡駅まで貨物を運ぶ場合、当時の基本的な輸送ルートは「平塚（東海道本線）新鶴見操車場（山手貨物線）大宮操車場（高崎・上越・信越本線）長岡」で、距離は３４０・９㎞となる。だが、最短経路は「平塚（東海道本線）茅ケ崎（相模線）橋本（横浜線）八王子（八高線）倉賀野（高崎・上越・信越本線）長岡」の３０９・３㎞だ。よって、実際の輸送経路にかかわらず、３０９・３㎞を運賃計算キロとした。

旅客運賃でも、東京や大阪など経路が多数考えられる大都市圏では「大都市近郊区間」を設けて、実際に乗車する経路にかかわらず最短で計算する特例がある。貨物輸送では、このルールが全国に適用されていたと考えればわかりやすい。

ただし、貨物運賃の計算には例外があった。

①留萌本線と羽幌線（現在は廃止）を経由して、石狩沼田・留萌・幌延を通過する経路
②田沢湖線を経由して、盛岡・大曲間を通過する経路
③大糸線を経由して、松本・糸魚川間を通過する経路
④赤穂線を経由して、相生・東岡山間を通過する経路

この四つの経路は「最短経路」として使用できず、これ以外の最短経路で計算する。さらに、次のような特例もあった。

⑤関西本線・草津線を経由して、笹島（現在のささしまライブ駅、名古屋）・草津間を通過する経路が最短となる場合は、米原経由で運賃を計算する

⑥岩徳線を経由して、岩国・櫛ケ浜間を通過する経路が最短となる場合は、柳井経由で運賃を計算する
⑦筑豊本線を経由して、折尾・原田間を通過する経路が最短となる場合は、博多経由で運賃を計算する

旅客運賃には、山陽本線（山陽新幹線を含む）を利用して岩国〜櫛ケ浜間を通過する場合、距離が短い岩徳線経由で計算する特例がある。これは岩徳線が元々山陽本線として建設された歴史的経緯があるからだ。しかし、貨物運賃の場合は逆に遠回りとなる柳井経由で計算する特例があった。名古屋（笹島）〜草津間は関西本線経由の方が営業キロが短いというのも盲点だ。

もっともこの特例は、運賃計算にのみ適用され、最短経路の算定には影響しなかった。どういうことか。次のようなケースを見てみよう。

品川駅から、山口県の山陰本線長門市駅へ貨物を送ろうとしたとする。この場合、考えられるルートは二つだ。一つは、東海道・山陽本線を経由し厚狭から美祢線に入って長門市に至るルート（A）。もう一つは、京都から山陰本線に入って長門市に至るルート（B）だ。

ルートAの場合、最短経路は「品川（東海道本線）笹島（関西本線）柘植（草津線）草

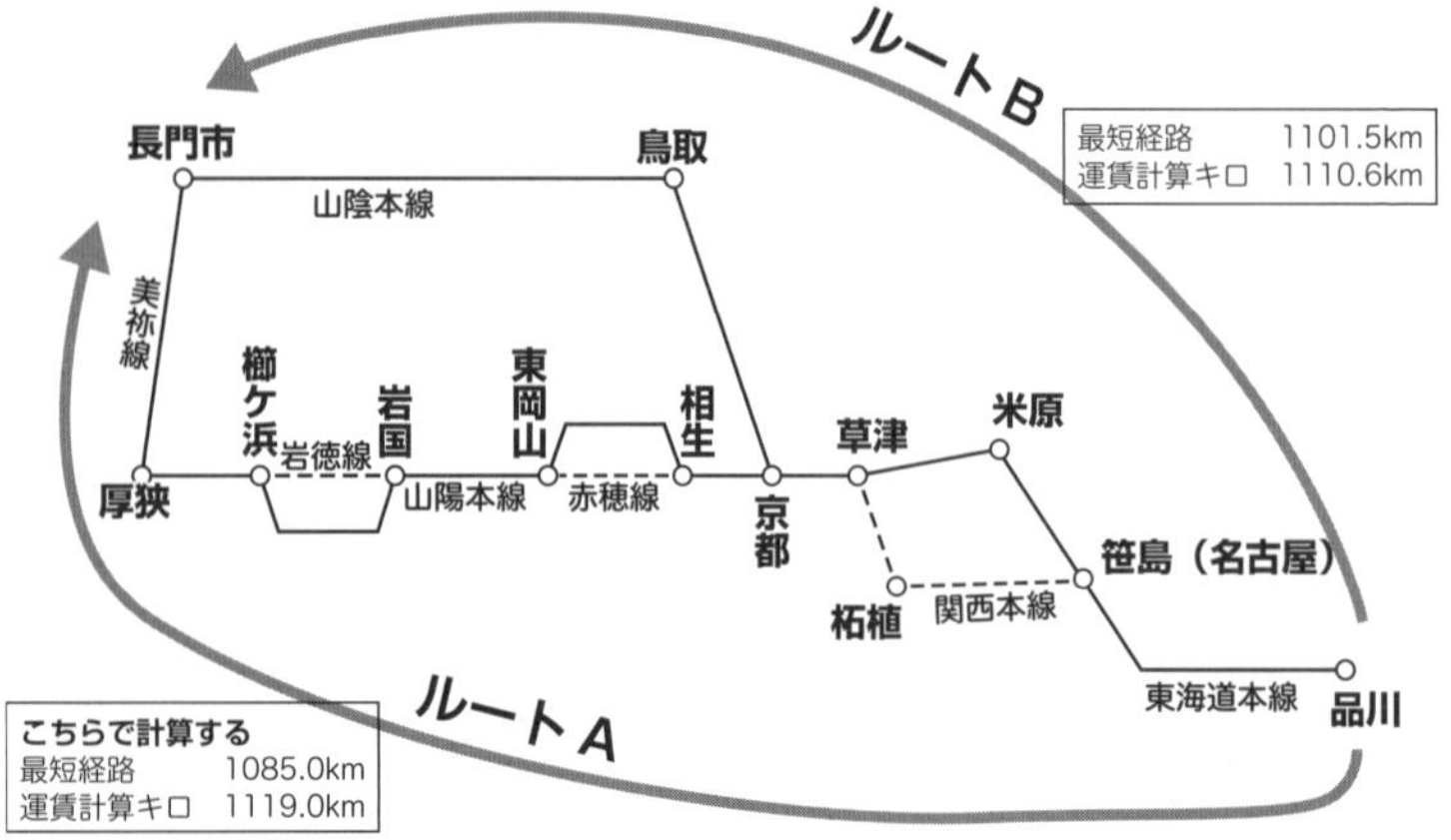

津（東海道・山陽本線）相生（赤穂線）東岡山（山陽本線）岩国（岩徳線）櫛ケ浜（山陽本線）厚狭（美祢線）長門市」であり、合計１０８５・０㎞となる。

ところが、笹島〜草津間は米原経由、相生〜東岡山間と岩国〜櫛ケ浜間は山陽本線経由で計算する特例があるから、運賃計算キロは「品川（東海道・山陽本線）厚狭（美祢線）長門市」の１１１９・０㎞となる。

一方、ルートBの最短経路は、「品川（東海道本線）笹島（関西本線）柘植（草津線）草津（東海道本線）京都（山陰本線）長門市」の１１０１・５㎞だが、笹島〜草津間を米原経由で計算する特例により、運賃計算キロは１１１０・６㎞だ。

この場合、どちらのルートで運賃を計算するのが正しいか。一見、ルートAの１１１９・０

㎞とルートBの１１１０・６㎞を比較して、山陰本線経由のルートBが正しいように思える。だが、正解はルートA。⑤〜⑦の特例は運賃計算にのみ適用され、最短経路の算出には影響を及ぼさないからだ。「品川〜長門市間の最短経路は厚狭経由の１０８５・０㎞。運賃計算キロは特例の④⑤⑥を適用して１１１９・０㎞で計算する」が正しい答えとなる。

　なお、特別に大きな貨物で輸送できるルートが限られるといった場合には運送経路を指定することも可能で、この場合は実際に輸送されるルートで運賃が計算された。

生活物資は安く、贅沢品は高く

　こうして運賃計算キロを算出したら、賃率表から１トンあたりの賃率を計算する。当時は貨物の品目ごとに１級から４級までの「等級」が決められていて、それぞれ賃率が異なった。かつての旅客運賃が、１等運賃と2等運賃に分かれていたのと似ている。汐留〜梅田貨物駅間は特定区間として５７５㎞で計算する決まりで、最も高価な１級の賃率は２７３４円／トン、４級は１８２３円／トンといった具合だった。そして、等級を決める「品目」は、12分野６４２品目と実に細かく分類されていた。

　等級は、輸送にかかるコストではなく、貨物自体の価格を基礎として、国鉄の判断によって決められていた。重要なエネルギー資源だった石炭を基準とし、国民生活に欠かせない物資は等級を低くして安く、贅沢品、嗜好品と考えられるものは等級を高くして割高に設定された。

等級表を見ると、当時の世相が見えてくる。例えば、味噌・醤油が安価な4級であるのに対してソースは3級、トマトケチャップは2級、マヨネーズは1級だ。菓子は乾パンを含むビスケット類が2級で、その他は1級となる。果物では、みかんと夏みかんは3級なのに対し、レモンなどその他の柑橘類は高級品と判定されて2級というのが面白い。書籍雑誌類では、義務教育である小・中学校用の教科書は3級で、高校などその他の学校で使用する教科書は1級だ。書籍は1級、雑誌は2級、古雑誌は紙くずの扱いで4級だ。家具では、箪笥は1級だが下駄箱は2級となる。等級の異なる品目を1両の貨車で輸送する時は、高いほうの等級で計算したほか、家財道具をまとめて引越荷物として送る時は、危険品や動物などを除き一括して2級として扱った。

貨物の品目には、「普通品」のほか貨幣証券類や遺骨などの「特殊品」と火薬可燃物などの「危険品」があり、品目によっては割増料金が設定されていた。危険物が割増となるのは現代も同じだが、国鉄時代は農薬の5％増しから火薬・爆薬類や放射性物質などの100％増し（倍額）まで、80品目以上の危険物について個別に割増料金が定められていた。

貨物等級表（抜粋／1968年度）

品目	等級	品目	等級
石炭	3	牧草	3
石灰石	4	配合飼料	4
原木	3	牛・馬	2
木曽ひのき不工製材	2	仔牛・豚	1
かご、ざる	1	乳	3
釣り竿	2	コーヒー牛乳類	2
薪・木炭	4	バター・チーズ	1
米・小麦	4	鮮肉・冷凍肉	1
ひえ、あわ、きび	2	鶏卵	3
大豆	3	活魚（水に入れたもの）	3
ぬか漬け野菜	4	活魚（その他）	1
福神漬け	3	鮮魚（上級）	2
りんご	3	鮮魚（下級）	4
バナナ	1	かつお節	1
みかん・夏みかん	3	削り節	2
その他の柑橘類	2	衣服類	1
醸造清酒（税未納）	2	漫画厚手紙	2
醸造清酒（納税済）	1	新聞巻取紙	4
ビール	2	箪笥・茶箪笥	1
味噌・醤油・酢	4	下駄箱・戸棚	2
ソース	3	ラジオ・テレビ	1
トマトケチャップ	2	洗濯機	1
マヨネーズ	1	楽器	1
番茶	2	教科書（小中学校）	3
コーヒー	1	教科書（その他）	1
サイダー	3	雑誌	2
菓子（ビスケット）	2	古紙（回収品）	4
菓子（その他）	1	古紙（その他）	3
セメント	3	おもちゃ類	1
鉄道車両（運用中）	3	引越し荷物	2
鉄道車両（その他）	1	揮発油（未納税）	3
自動車	1	揮発油（納税済）	2

運賃計算重量	運賃計算トン数
7	9.03
8	9.36
9	10.53
10	10.80
11	11.88
12	12.96
13	13.52
14	14.56
15	15.00
16	16.00

運賃計算重量	運賃計算トン数
17	16.83
18	17.82
19	18.81
20	19.60
21	20.58
22	21.56
23	22.54
24	23.52
25	24.00
26	24.96

運賃計算重量	運賃計算トン数
27	25.92
28	26.88
29	27.84
30	28.50
31	29.45
32	30.40
33	31.35
34	32.30
35〜	運賃計算重量×0.94

逆に、運賃の割引もあった。例えば、荷主が保有する私有貨車で輸送する場合は、貨車の維持管理費がかからないので15％引き。不工製材（寸法や形状を加工していない製材）などの木材は、本州・四国・九州内相互発着、つまり北海道を経由しない場合は距離に応じて11〜17％引きで、本州・四国・九州から北海道に送る場合は11〜12％引き。他にも、生大根、味噌、ふすま、糠など、品目ごとに細かく割引率が決められていた。

ちなみに、割増と割引が同時に発生することもある。この場合は、割増を適用してから割り引くルール。また、複数の割引が生じた場合は、最も割引率の高い割引を適用したが、私有貨車使用による割引は、他の割引と重複して適用できた。

運賃計算キロと貨物の等級がわかれば、あ

とは貨物の重量から運賃を計算すればよい……はずだが、車扱貨物はもう一つ計算がある。それが、「運賃計算トン数」だ。

まず、1両単位で貨車を借りる車扱貨物には最低重量がある。標記トン数（貨物の積載可能重量）が15トン以下の貨車なら7トン、それ以上の大型貨車や、2両以上の貨車を使用する場合は、表記トン数の合計の6割が最低重量だ。15トン積の有蓋貨車に3トンだけ貨物を積んで運ぼうとしても、運賃は最低重量の7トン分必要となる。30トン積の大型貨車なら18トン分の運賃が、15トン積貨車3両を使う場合は、45トンの6割で27トン分の運賃が最低限必要だ。

重要なのは、実際の貨物の重量＝運賃計算トン数ではないということ。実際の貨物の重量を1トン単位に切り上げ、表を参照して対応する運賃計算トン数を割り出す。例えば、貨物の実際の重量が6・3トンの場合、7トンに切り上げて表を参照すると、運賃計算トン数は9・03トン。貨物の重量が30トンの場合は、運賃計算トン数は28・5トンだ。貨物が軽い方が割高に、貨物が重く、大きいほど割安になる仕組みだ。運賃計算トン数がわかれば、「運賃計算キロと等級に対応した賃率×運賃計算トン数×割引・割増率」によって、ようやく貨物運賃を算出できた。

なお、到着日時をできるだけ明確化したい場合は、輸送する列車を指定することもできた。この場合の運賃は2割増しだ。

汐留から梅田へせっけんを13・5トン輸送する場合の貨物運賃

汐留駅から梅田貨物駅へ、洗濯用せっけんを13・5トン輸送する場合の貨物運賃は、次のようになる。

汐留〜梅田間は前述の通り特定区間で、運賃計算キロは５７５kmとして計算する。せっけんは用途によって等級が異なり、通常のせっけんは２級、化粧せっけんは１級だ。洗濯用せっけんは２級に該当し、賃率は１トンあたり２３２９円だ。ちなみに１級の化粧せっけんは、２７３４円となる。

貨物の重量は13・５トンだが、１トン未満は切り上げ、14トンの貨物として取り扱う。重量14トンに対する運賃計算トン数は14・５６トン。よって、運賃は「２３２９×14・５６」で３万３９１０・２４円となり、小数点以下を四捨五入して３万３９１０円となる。

これに、日本通運などの通運業者による集貨・配達料が加わる。重量の計算方法や等級の取り扱いは国鉄と同様だ。汐留・梅田双方とも駅から10kmの場所へ集貨・配達したとすると、通運業者にかかる運賃は集貨配送料・積込取卸料などを含めて１万２０００円ほど。運賃の合計は４万６０００円程度となった。

実際には、これに荷造り費用が加わる。有蓋貨車に積み込む車扱貨物は荷崩れしやすく、荷造り費用も馬鹿にならなかった。貨物の量が多ければ、運賃計算トン数の掛け率が多少有利になったが、それでもたいして割安にはならず、大口荷主と個別にディスカウント契約を結ぶトラック輸送には対抗できなかった。

なお、国鉄は１９６７（昭和42）年３月に「貨物包括運送契約」を登場させている。これは、関西の家電メーカーが扇風機を全国販売する際、国鉄がメーカーと提携して、集貨・配達・積卸・鉄道輸送を包括的に契約したもので、契約期間中の輸送量に応じて運賃が取り決められた。大口荷主に対するディスカウントの嚆矢であり、その後全国に広がって１９８０（昭和55）年には定型・定量協定として制度化された。もっとも、その割引率はせいぜい１割引き程度で、トラック輸送業者の弾力的な価格交渉には太刀打ちできなかった。

昭和30年代にはもっと複雑だった貨物等級制度

かなり複雑だった国鉄貨物運賃だが、昭和30年代まではもっと複雑だった。１９６６（昭和41）年３月に制度が改正されるまで、等級は実に14種類（普通等級10、特別等級４）もあり、品目は１１３５品目に及んだのだ。

この時代の貨物運賃は、「運賃計算トン数」の計算方法が大きく異なった。車扱貨物は、貨車を1両単位で荷主に貸し出すシステムだ。そこで、貨物運賃は貨物の実際の重量にかかわらず、15トン積有蓋貨車なら15トンと、貨車に標記された積載重量を基準に計算したのである。ただ、それでは軽量で嵩張る品目ほど割高になってしまう。そこで、「減トン制度」というルールが設けられていた。これは貨車1両の積載重量から差し引く重さで、品目ごとに「小形貨車」「中形貨車」「大形貨車」に分けて差し引く重量が決まっていた。中形貨車にあたる15トン積有蓋貨車に「削り節」を積載した場合は3トンを差し引いて12トンで計算し、「かつお節」を積載した場合は1トンを差し引いて14トンで計算……という具合だ。削り節もかつお節も、本質的には同じ鰹加工品だが、削り節のほうがふわふわと軽く嵩張るので、減トンの数値がより大きく設定されていた。

　細かすぎる等級と、減トン制度があるとはいえ荷主にとって不利となりがちな運賃計算トン制度は、自動車輸送に対抗するうえで大きな足かせになっていた。そこで、１９６６年になって、等級制度の思い切った簡略化と、実際の貨物重量を基準としたうえで重量が増えるほど割安となる運賃計算トン制度が導入されたのである。

　だが、この等級制度には、それ以前に根本的な問題があった。それは、各品目の等級が、輸送コストや市場原理ではなく、貨物自体の価格に基づいた負担能力主義によって決まっていたということだ。つまり、「価格の高い貨物を運ぶ人は高いコストを負担する能力があるでしょう」という考え方で、さらには「国が国民生活に欠かせないと判断する貨物は負担を軽く」という考え方も入っていた。

しかし、この考え方では市場原理が働かず、「価格が高くても需要が高く大量に輸送される品目」は、民間の運送会社が安い金額を提示して根こそぎ持って行ってしまう。国鉄貨物に残るのは、輸送しても利益の出にくい低価格な品目か、需要が少なく効率的な輸送が難しい品目ばかり。運賃制度自体も複雑過ぎてわかりにくかった。

市場原理によらない等級制度への危機感自体は早い段階から認識されていた。１９５９（昭和34）年7月、鉄道運賃制度調査会の答申が出され、当時の普通12等級＋特別３等級をよりシンプルな制度に集約していくこととされたが、翌１９６０（昭和35）年の制度改革では普通10等級＋特別４等級と小手先の変更に留まった。１９６６年に普通４等級に集約され、わかりにくさの根源とされた減トン制度も廃止されたが、結局等級制度自体が廃止されるのは、さらに14年後の１９８０（昭和55）年まで待たなくてはならなかった。

複雑な「指数」を掛けて算出した小口混載貨物の運賃

小口混載貨物（１０６ページ）は、貨車１両を借り切るほどではない少量の貨物を通運事業者（１６４ページ）が取りまとめ、貨車を国鉄からチャーターして輸送する輸送方式だ。国鉄から見れば、通運事業者を荷主とする車扱貨物と同じだが、さまざまな積荷を詰め合わせて運ぶので、車扱の運賃制度をそのまま適用することはできない。

３００個を取りまとめた総重量８・７トンの小口混載貨物を汐留から梅田まで輸送する場合の運賃を計算してみよう。総重量は１トン単位に切り上げるので、運賃計算トン数は９トンとなる。小口混載貨物の運賃は、車扱貨物の１等級と同額だ。汐留〜梅田間の距離は５７５㎞として計算するから、１トンあたりの賃率は２７３４円となる。よって、運賃は２７３４円×９トンで２万４６０６円……とはならない。１トンあたりの賃率を、調整しなくてはならないのだ。

まず運賃計算トン数に「重量別階梯指数」を乗じる。これは「４トンまで１・５７」「35トンまで０・９４」と、重量が軽いほど割高、重いほど割安になる指数だ。１両の貨車に、なるべく積載量ギリギリまで貨物を積んだ方が割安になる。

次に、小口混載貨物を取り扱う駅ごとに決められた輸送基地調整率を求める。調整率は発送と到着それぞれに設定されており、発送駅の発調整率と、到着駅の着調整率を合計する。汐留駅の発調整率は０・６、梅田駅の着調整率も０・６だから、合計して１・２となる。調整率は取扱量の多い主要駅ほど数字が大きく、地方の駅ほど小さく設定されている。例えば東北本線花巻駅の発調整率は０・２５、山陰本線浜田駅の着調整率は０・４で、花巻か

重量別階梯指数

運賃計算トン数	重量別階梯指数
４ｔまで	1.57
5	1.40
7	1.29
9	1.17
12	1.08
14	1.04
16	1.00
19	0.99
24	0.98
29	0.96
34	0.95
35	0.94

ら浜田へ貨物を送る場合の輸送基地調整率は合計０・６５だ。

汐留～梅田間に話を戻そう。混載貨物の運賃計算トン数は９トンだから、重量別階梯指数は１・１７。輸送基地調整率は１・２だ。よって、「１トンあたりの基本賃率２７３４円×１・１７×１・２」で、10円未満を端数処理して３８４０円。これに９トンを乗じて、３万４５６０円が運賃となる。１個あたりの輸送コストは１１５・２円だ。

一般的な有蓋貨車ワム８０００形は15トンの貨物を積める。では、全部で５００個、総重量14・５トンを汐留から梅田まで送ると、運賃計算トン数は15トンなので重量別階梯指数は１。運賃は「（２７３４円×１×１・２）×15トン」で端数処理を含めて４万９２００円となり、１個あたりの輸送コストは98・４円と、17円近く安くなった。小口混載貨物はここが商売のカギで、通運事業者はなるべく貨車いっぱいまで小口貨物を集めることで、より大きな利益を上げられた。

小口貨物には、もう一つ小口扱貨物もあった。こちらは、国鉄が自らの責任で小口貨物を輸送するサービスだが、細々とした貨物の取扱は鉄道が最も苦手とするところで国鉄貨物の赤字の元凶となっていた。そこで、１９６６年に事実上小口混載貨物に統合され、小口扱貨物はほとんど実態のない制度になっていた。

そんな小口扱貨物の運賃は、30kgまでを最低単位として10kgごとの賃率が決められていた。あまりに小さな貨物はコストばかりかかるので、１品目１㎥あたりの重量が50kg以下の物品は3倍の賃率が適用されていたほか、３００以上の品目について、2割から１９０割（つまり20倍）までの割増が規定されていた。一つの梱包の中に2種類以上の品目を詰め合わせた時は、「雑品」として通常賃率の10割増し、つまり倍額が課された。

送るものの中身によって、運賃が大きく変わる小口扱貨物は、利用者にとっても国鉄にとってもメリットのないサービスで、１９７４（昭和49）年に手小荷物輸送（１９８ページ）と統合されて消滅した。

画期的だったコンテナ貨物の運賃制度

ここまで紹介した国鉄貨物運賃制度は、制度のごく基本的な部分で、実際には一層複雑だった。一方、拠点駅間を専用列車で直接結ぶコンテナ貨物は、デビュー当初から料金制度も圧倒的にシンプルだった。コンテナは、トラック輸送と協同した高速な一貫輸送システムであると同時に、わかりやすい料金制度も画期的だった。

基本は、鉄道で輸送する区間の運賃に集貨料と配送料を合計した金額だ。５トン積みコンテナ１個単位で計算し、等級はなく、危険物など一部の割増品目を除けば何を輸送しても同額だった。集貨と配達は、１９６８年の時点ではコンテナ取扱駅から半径20㎞の範囲内で行われ、第１から第４まで５㎞刻みで集配区域を設定していた。

この頃は、全国の主要都市間を直結するフレートライナーがまだ登場していなかったが、コンテナ貨物の運賃表は「汐留〜梅田間」など取扱区間ごとに表示されていた。

汐留駅から梅田貨物駅へ、５トンコンテナ１個を輸送する場合の運賃は１万１７００円。集貨先と配達先が、駅からそれぞれ10㎞の距離にあったとすると、どちらも第２集配区域にあたり、集配料金は各２６００円だ。合計運賃は１万６９００円。車扱貨物に比べて実に明快だ。集貨から配送まで一切扉を開けないコンテナは荷崩れしにくいので荷造り費用も節約でき、さらに大都市間であれば拠点間直行輸送となるので、いつ貨物が配送されるかかなり正確に予測できた。

１９６９（昭和44）年からは、トラック輸送とコンテナ輸送を結合した協同一貫輸送サービス「フレートライナー」（79ページ）が始まり、運賃制度はさらに明確となる。集貨・

配達可能地域は拠点駅から半径30㎞以内に拡大され、「国鉄で東京大阪に物資を運ぶなら５ｔまで集配込みで１万９５００円」と誰でも覚えられるようになった。

フレートライナーはやがて全国の主要都市間に拡大され、運賃は駅間ごとの設定から一般的な距離制に変わったが、わかりやすさは変わらず、現在のＪＲ貨物に引き継がれている。

国鉄の貨物運賃制度は、「負担力がある者がより高く負担する」「国民生活に欠かせない物資を安く輸送する」という考え方が優先され、複雑で硬直したルールになっていた。昭和30年代前半から、多くの人がこれでは自動車輸送に勝てないと気づいていたが、市場原理や利潤追求よりも公共の利益を重視する国鉄の使命が、改革を遅らせてしまった。複雑な運賃制度の元凶だった等級制度が完全に廃止された時にはすでに手遅れで、国鉄の分割民営化は7年後に迫っていた。

夕張線の石炭列車。石炭のような生活に欠かせない貨物の運賃は安く設定されていた。

第9章　国鉄のもう一つの物品輸送サービス　手荷物と小荷物

全国の駅から個人が大きな荷物を発送できた

宅配便が全国に普及する前、1970年代までは、小口貨物は世間で明確に棲み分けがされていた。5kg程度までのごく小さな荷物は郵便小包。20kgまでの、個人としては大きな荷物は国鉄小荷物。地方の酒蔵のような中小企業などが、数十kgから数トン程度の物品を送る場合は国鉄小口貨物（106ページ）といった具合だ。

郵便局から小包で送るには大きすぎるけれど貨車を1両仕立てて送るほどでもない、個人や商店などが送る品物。例えば下宿に送る布団とか、大学の研究室に送る書籍資料とか、実家の果樹園で採れたみかんとか。そういったものは、駅から「小荷物」で送るのが普通だった。

国鉄の小規模輸送サービスには小口扱貨物・小口混載貨物に加えて、「手荷物」と「小荷物」があったが、後者の二つは貨物輸送とは全く別物だった。これらは荷物輸送と呼ばれるもので、鉄道を利用する旅客の便を図るため、重い荷物を国鉄が預かって旅客列車で輸送したサービスが発展したものだ。

手荷物と小荷物（両者を合わせて手小荷物という）は、貨物列車ではなく旅客列車に連結された荷物車や、専用の荷物列車で運ばれた。

手荷物は、別名「チッキ」と呼ばれたサービスだ。これは乗車券を所持している乗客が駅できっぷを見せて申し込むと、荷物を別途乗車券の目的地まで運んでくれるというもの。乗客一人につき、３辺の長さが２ｍ以内で30kgまでの荷物を２個まで運ぶことができた（１９６８年当時。以下同じ）。現在でも、旅客機に搭乗する前には大きな荷物を空港で預ける（受託手荷物）。手荷物はこれに相当するサービスだ。安価なＬＣＣ（Low Cost Career）を利用すると荷物を預けるのに別途料金が必要となる場合があるが、国鉄の「チッキ」はこれと同じといえる。古くは、旅客と同じ列車に連結された荷物車に載せていたが、手小荷物の取扱量が増えると、別送するのが普通になった。

一方、小荷物は乗車券がなくても全国に荷物を送れるサービスだ。３辺の長さが２ｍ以内で最大20kgの荷物を送ることができた。乗車券が不要な代わりに、料金は手荷物よりもやや割高。どちらの場合も発送時には駅に持ち込む必要があり、受け取りも駅留めが基本だったが、大都市であれば配達も可能だった。

１９６８（昭和43）年春に、東京の中野駅から広島駅へ荷物を送った場合の運賃と手続

若桜鉄道隼駅に残る、手小荷物扱いの窓口跡。きっぷ売り場よりも一段低く、大きく開く窓がついていることが多かった。

きを紹介しよう。

まず、手荷物（チッキ）の場合。荷物を箱などに詰め、発駅名と（駅で受け取る場合は）着駅名、（２個ある場合は）個数、荷物を送る人と受け取る人の住所と氏名を書いた荷札を２枚用意する。現代の宅配便のような、カーボン複写式の送り票はなかった。荷札は文具店で購入できたが、駅の売店で国鉄推奨の荷札が売られていた。段ボール箱など表面に直接書ける場合は大きく書き、荷札は１枚でよい。荷造りができたら、手持ちか荷車などで荷物を駅に持ち込む。

当時は全国の駅で手小荷物を取り扱っており、集荷サービスがない代わりに有人駅なら小さな駅からも送ることができた。地方の古い駅舎が残る駅を訪れると、今も窓口の横に一段低い窓口が残っていることがある。これが、手小荷物取扱窓口の名残だ。鉄道駅だけでなく、国鉄バスの主要駅や私鉄の駅、離島の港などにも手小荷物取扱所があり、国鉄と連携して全国に発送できた。

さて、中野駅から発送といっても、国電の中野駅に荷物を持ち込むわけではない。首都圏の駅では手小荷物取扱駅が数駅ごとに集約されており、取扱所も旅客駅とは別の場所にあることが多かった。中野駅の場合、地下鉄東西線が開業し中野〜荻窪間が高架化された１９６６（昭和41）年に、手小荷物取扱所が高円寺寄りの高架下に移された。

中野駅の手小荷物取扱所に荷物を運び、係員に東京都区内から広島までの乗車券を提示して「チッキで（手荷物で）広島まで」と伝える。係員が「中身は何ですか」と尋ね、箱のサイズと重さを量って荷札をつける。なお、動物や死体、危険物、汚物、荷造りが不完全なものなどは運べない。内容物による運賃差はなかった。手小荷物は全国の都道府県間ごとに第１地帯から第５地帯まで料金帯が設定された５地帯制で、料金表を参照して料金帯を求めた。

東京・広島間は第３地帯で、30kgまでは１８０円。１９６９（昭和44）年までは、総重量が30kg以下の場合は距離にかかわらず料金は同一だった。荷物が２個あって総重量が30kgを超えると、40kgまで４５０円、50kgまで６３０円、60kgまで９００円と、一気に割高になる。料金は総重量で計算する決まりで、仮に25kgの荷物２個の場合でも、30kgまで

１８０円×２個＝３６０円ではなく、50kgまでの料金６３０円が適用された。荷物の中身が壊れ物などでなく、送り先が東京や大阪などの大都市で駅から比較的近ければ、配達も依頼できる。配達手数料は荷物１個につき70円だ。

次に、荷物だけを送る小荷物の場合。小荷物も、基本的に荷造りは手荷物と同じだ。受付も、手荷物と同じ手小荷物取扱所となる。こちらは１個につき20kgまでで、１個ずつ運賃を計算した。料金帯はチッキと同じで、第３地帯となる東京〜広島間の運賃は10kgまで２７０円、20kgまで４５０円。壊れ物や貴重品、かさばるものなどは２倍または３倍の割増運賃となる。危険物など、送れないものはチッキと同じだ。「小荷物で広島まで」というと、やはり中身を確認されたうえでサイズと重さを量り、荷札をつける。

荷札をつけ終えた荷物は、旅客列車に連結された荷物車か、専用の荷物列車に積み込まれて運ばれる。中野駅をはじめとする大都市の電車区間、いわゆる国電区間では、荷物電車を運行すると国電運行の邪魔となることから、拠点駅まではトラックによる代行輸送が行われた。中野から広島へ荷物を送る場合、トラックが運ぶ先は、国鉄貨物輸送の拠点・汐留駅……ではなく、東京駅だ。手小荷物は旅客サービスだから、東京駅から旅客列車併結の荷物車か、旅客列車の一種として扱われる荷物列車で運ばれる。

１９６４（昭和39）年10月から、荷物輸送近代化の一環として、東京駅の荷物取扱業務は順次汐留駅に移管されていた。しかし、一般的な手小荷物が汐留駅で扱われるようになるのは、１９６８年10月からである。

とりあえず目的地方面へ行く荷物車に積み込み車内で仕訳

東京駅に運び込まれた荷物は、なるべく早く発車する荷物列車に積み込まれる。

ここからが、貨物輸送と荷物輸送の大きく違うところだ。荷物輸送は、貨物輸送の集結輸送方式（28ページ）のように、操車場で貨車１両ごとに行先方面別に仕訳されて貨物列車を組成する……なんて悠長なことはしていられなかった。手小荷物輸送は旅客サービスの一環だ。とくに手荷物（チッキ）なら、荷物の持ち主である旅客はどんどん目的地に向かってしまう。集結輸送のような到着日がはっきりしないのんびりした輸送ではとても間に合わないのだ。

ではどうするか。原則としては、まず目的地の方面に向かう、なるべく早く発車する荷物列車（または旅客列車併結の荷物車）に荷物を積み込む。積卸作業は、駅の荷物係と関連企業である鉄道荷物会社の職員、そして乗務員による手作業だ。

東海道・山陽本線のような幹線では、取り扱う荷物の量が多いため、事前にある程度目的地別に仕訳がされていた。しかし多くの場合、積み込まれた時点では個々の荷物の行先はバラバラだ。そこで、荷物車には各車両に乗務員が乗務して、走行する列車の中で各荷物の行先を仕訳した。手前の駅で降ろす荷物は扉の近くに、終着駅まで運ぶ荷物は奥の方にまとめる。途中駅では、荷物を降ろすだけでなく、その駅から発送する荷物も積み込まれるから、乗務員はそのたびに車内で一つ一つ荷札を確認し、降ろす駅順に仕訳を行った。大変な重労働だったが、走る列車の中で仕訳作業を行うおかげで、輸送時間を短縮できた。これはトラック輸送にはない、当時の鉄道荷物輸送の大きな強みだった。1個あたりの重量が20〜30kgまでに制限されているからこそ可能な輸送方法でもあり、１口の重さが数百kgになる小口扱貨物には真似のできない芸当だった。

　荷物車の車内はなるべく多くの荷物を積むため、貴重品保管庫と車掌室、手ブレーキなどがあるほかはほとんど空洞だった。床には木材がスノコ状に敷かれており、手小荷物はこの上で取り扱われた。国鉄時代の手小荷物は荷紐で縛られているのが普通で、荷札は荷紐に針金でくくりつけられていた。駅に到着すると、乗務員は釘抜きのような形をした手《て》鉤《かぎ》を荷紐にひっかけ、床の上を滑らせて積み卸し作業を行っていく。勢いがついたところで手鉤をたぐると、荷物が宙を舞って荷物室の狙った場所にすとんと積み上がる。農作物など、業務用の木箱に入った荷物は、箱に直接手鉤を引っかけて動かすことも多かった。現代の感覚では非常に乱暴な扱いで、車内の蛍光灯や窓には荷物が激突しても壊れないよう、防護カバーが取り付けられていた。荷崩れや荷物の破損も多かったが、荷物輸送とは

荷物車マニ60とその室内。車体には大きな両開きの引き戸が備えられている。車内はフラットで、倉庫のよう。（右写真：永尾信幸／CC BY-SA 3.0）

元よりそういうものだった。

荷物列車の停車時間は総じて短い。旅客列車に連結された荷物車なら、2〜3分で発車することも多く、乗務員は駅員と連携して、この限られた時間に積卸作業を行っていた。駅を発車して作業が一段落する頃には、各荷物は各駅の順番通りに配置され、荷札も乗務員から見えるよう同じ向きに揃って絶妙の間隔で積み上がっている。熟練乗務員の、腕の見せ所だった。

荷物列車が、手小荷物の目的地を通らない場合は、途中駅で中継、つまり別の列車に積み替えられる。大きな駅では、いまも豊洲市場などで見かけるターレットトラックが使用されたが、手押しの荷車を使って人力で積み替え作業を行うことも多かった。

目的地の駅、この場合は広島駅に到着すると、荷札を確認して、手小荷物取扱所に集められる。別料金で配達もできたが通常は「駅留」で、手小荷物取扱所から受取人に電話連絡があり、駅まで受け取りに出向いた。

手小荷物輸送は、車扱貨物に比べれば迅速に目的地に届いたが、発送翌日に届くというケースは少なかった。当時の国鉄では、おおむね４００㎞ごとに１日を要するとしており、中野～広島間は約９００㎞だから、発送日から数えて３日後に到着するとされたが、実際にはもう少しかかることも多かったようだ。

荷物輸送近代化への試み

熟練係員の技もあって、国民の生活に定着していた手小荷物輸送だったが、実態は人力に頼る、古い輸送方式だった。

昭和30年代までの荷物輸送は、旅客列車に連結された荷物車で輸送するのが基本だった。普通列車から寝台特急まで、旅客列車にはたいてい荷物車が連結されており、手小荷物はやって来た列車にどんどん積み込んで発送した。

ところが、日本が高度経済成長の道を歩み始めると、問題が出てきた。一つは、旅客列車の電車・気動車化だ。「こだま型」と呼ばれた１５１系（後の１８１系）特急形電車や「新性能電車」と呼ばれた１１１系の登場などによって旅客列車の電車化、気動車化が急速に進み、それまで使用してきた荷物客車が使えなくなってしまった。国鉄はクモユニ81形やクモユニ74形といった郵便・荷物電車を開発したが、いずれも旧性能電車からの改造車。

特急電車には連結できないうえ、1～2両で運用する荷物電車を新性能電車で開発するには技術的課題があり、十分な数の荷物電車を用意することはできなかった。

列車のスピードアップと増発も問題だった。電車化が進めば所要時間が短縮され、より多くの列車を走らせるために各駅での停車時間が短くなっていく。しかし人力に頼る手小荷物の積卸作業はスピードアップが難しく、また取扱量も増加して、乗客が乗り降りする間に積み卸し作業を行うことは、現実的ではなくなってしまった。また大量の手小荷物が旅客ホームの一角を占有してしまうことも問題だった。

そこで昭和30年代半ばから、「荷物輸送近代化」が進められた。東海道本線や東北本線のような幹線では、荷物車だけで10両編成程度の荷物専用列車を仕立て、旅客列車とは別に運行する。これなら、荷物の取扱に合った停車時間を確保できる。各車両は、行先や積荷内容などの使命をなるべく明確にして、主要区間では到着駅まで扉を施錠する締切輸送を行う。発着駅やホームも旅客列車とは分けて、駅に機械を導入して仕分け作業を自動化する……。

郵便・荷物電車のクモユニ82。（写真：Hanabi123　CC BY-SA 3.0）

東京駅の荷物取扱業務は、東海道新幹線が開業した1964年10月から順次汐留駅に移管された。最初は新聞・

東京駅で発車を待つ荷物専用列車。（写真：spaceaero2／CC BY 3.0）

雑誌輸送のみ、ついで配達つきの到着荷物が移管され、ヨン・サン・トオ改正といわれた１９６８年10月１日改正で全ての手小荷物が汐留駅に移された。また、東北・上信越方面の手小荷物も、上野駅から南千住の隅田川駅の取扱に移行した。

手小荷物だけを輸送する荷物専用列車は１９６１（昭和36）年から本格的に登場し、ヨン・サン・トオ改正では主要駅のみに停車する急行荷物列車が設定された。客車急行列車が軒並み荷物車のない特急に格上げされてしまい、新聞輸送（２１２ページ）のようなスピードを要する荷物輸送に問題が生じたからだ。

駅での積卸作業も、近代化が図られた。手間と労力のかかる人力の荷役作業に代わるものとして導入されたのが、パレット輸送だ。これはあらかじめ荷物を行先地域ごとに取りまとめ、車輪付きの金網ボックスに詰めて積み卸しを行うもの。まず１９６６年に新聞輸送用のボックスパレットが開発され、二等座席車などを改造したマニ37形荷物客車を使用して運用を開始した。続いて、さまざまな荷物に対応するB形パレットが開発されて、ヨン・サン・トオ改正から本格的な運用が始まった。ホームでは複数のパレットを連結して牽引車で運搬し、車輪を転がしてそのまま荷物車に積み込む。熟練の職人技に頼らなくても大量の荷物を短時間にさばけ、省力化と迅速化が可能とされた。

パレット輸送は、キャスターつきのボックスパレットをそのまま荷物車に出し入れするので、従来のスノコを敷いた荷物車は使用できない。そこで、有蓋貨車のワキ１０００形をベースとするスニ40形と、車掌・緩急設備を併設したスニ41形荷物車が開発された。旅客サービスである手小荷物輸送に使用する車両であることから客車の一種（荷物客車）とされたが、見た目は完全に有蓋貨車というユニークな車両だった。

パレット輸送の導入と並行して進められたのが、仕訳作業の機械化・自動化だ。１９６８年6月1日、汐留駅の荷物取扱所に、本格的な自動仕訳装置が導入された。これは、荷物に宛先番号を記しておき、作業者がローラーコンベア上を流れて来る荷物の宛先番号を入力すると、自動的に目的地の地域別に仕訳されるというものだ。仕訳された荷物はキャスターつきの金網ケースであるボックスパレットに入れられて、牽引車でホームへ運ばれる。あとはパレットを転がして順序通りにスニ40形荷物車に積み込めば、積込み完了、というわけだ。積み卸しに必要な人員も時間も削減でき、効率的な荷物輸送の実現が期待された。

だが、鉄道荷物輸送が取り扱う手小荷物は、木箱や行李、布団、棒状のものなど大きさも形も不揃いで、当時の技術では仕訳の完全な自動化は困難だった。コンベアの周囲に多数の人員を置き、仕訳に誤りはないか、荷物が機械に引っかかったりしないかを確認・誘導する作業が必要で、期待されたような自動化とはならなかった。ようやく実用的な自動仕訳装置が登場したのは、１９７９（昭和54）年のことだ。その頃には鉄道荷物輸送の衰退が始まっており、大きな成果を挙げることはなかった。

もっと根本的な近代化策として始まったのが、コンテナを利用した荷物輸送だ。１９６６年３月、国鉄はコンテナによる小荷物輸送をスタートした。

これは、手小荷物の受付・引き渡しと仕訳・積卸作業を通運事業者（１６４ページ）に委託し、コンテナに積み込んで拠点間を輸送するというもので、小口混載貨物（１０６ページ）によく似た仕組みだった。もともと、荷物輸送も小口混載貨物も「雑多な少量物資を鉄道を使って輸送する」という点では同じ。合理化と近代化を突き詰めていけば、結局は同じようなシステムになってしまうのだ。

重複するサービスをようやく整理した荷貨一元化

さまざまな近代化・合理化が試みられた手小荷物だったが、貨物局が扱う小口貨物（小口混載貨物と小口扱貨物）との違いは曖昧なままだった。多種多様な物品を扱う少量物品輸送は、大量・高速輸送という鉄道の特性を発揮しにくい分野で、それがさらに手小荷物と小口貨物に分散しているのは、非効率の極みだった。それでも宅配便が普及する前は、ほかに数十kg程度の荷物を全国に発送する手段がなく、「国民生活に直結する少量物資輸送サービスを提供することは国鉄の使命」という大義名分のもと、根本的な改革は先送りされていた。

しかし１９７０（昭和45）年度になると、手小荷物と小口貨物を合わせて年間約１５０億円もの欠損を出すようになり、国鉄の経営に重くのしかかるようになる。

そこで、１９７４（昭和49）年10月１日から、旅客局の手小荷物を貨物局の小口貨物（小口混載貨物）に統合する「荷貨一元化」が行われた。運賃は従来の手小荷物が採用してきた都道府県別の５地帯制が継承された一方、手小荷物に一部導入されていた個数建ての運賃をやめ、総重量で運賃を求める重量制に統一。小荷物は１口（１回の申し込みの合計）最大２トン、荷物１個あたり１５０kgまで。手荷物（チッキ）は旅客１人につき70kgまでとして個数制限を撤廃した。また荷物輸送の専用列車化を推し進め、都市部では自動車による代行輸送も積極的に活用するとされた。

こうして、国鉄の非効率を象徴する二重サービスともいわれた手小荷物と小口扱貨物の統合が実現した。とはいえ、これで手小荷物と小口貨物が息を吹き返すことはなかった。形も重さもばらばらな細々とした物資を全国のあちこちに運ぶ少量荷貨物輸送サービスは、レールの上しか走れない鉄道には根本的に合わなかった。

１９７６（昭和51）年、大和運輸（現・ヤマト運輸）が宅急便のサービスをスタート。その利便性で国鉄小荷物輸送を圧倒していくことになる。

荷物列車が支えた鉄道新聞輸送

荷物輸送において、重要な位置を占めたのが、新聞・雑誌輸送だ。１９６８年当時、新聞は全国で１日３０００万部あまりが発行されていたが、そのうち4割近くは国鉄によって輸送されていた。１分１秒を争い、必ず朝夕の配達に間に合わせなくてはならない新聞輸送は、荷物列車の出番だった。

実は多くの新聞社は、昭和30年代に一度新聞輸送をトラック輸送に切り替えようとした。刻々と記事が差し替えられる新聞は、締切時間が動いても柔軟に対応できるトラック輸送が適していると考えられたからだ。ところが、当時は道路がまだ現代ほど整備されておらず、各地で渋滞が頻発した。渋滞や事故による遅延は、新聞輸送には絶対に許されない。そこで、昭和30年代後半から新聞輸送が鉄道に戻ってくるという現象が起きた。比較的近距離の輸送は荷物電車で、遠距離の輸送は急行荷物列車や夜行列車・ブルートレインの荷物車などで運ばれた。

新聞が、なぜ貨物ではなく旅客扱いの荷物として輸送されたのか。そのことを象徴するエピソードがある。１９５６（昭和31）年11月のダイヤ改正では、名古屋で印刷された朝刊を豊橋及び飯田線方面に輸送するのに適した列車がなかったので、稲沢操車場発の貨物列車７６４列車を朝刊輸送にあて、名古屋〜豊橋間の各駅に停車させて飯田線の列車にも接続するようにした。

ところが、当時の貨物列車は最高時速が65〜75kmと遅いうえ、各駅に停車するには加減速性能も低かった。その頃、名古屋〜豊橋間の所要時間は普通列車で1時間20分ほどだったが、貨物列車では2時間以上かかり、名古屋を2時30分頃に発車しても豊橋に到着するのは4時45分頃。この結果、後続の荷物列車や貨物列車は各駅に停車する７６４列車に合わせて速度を落とさなくてはならなかった。新聞輸送を貨物列車が行うことで、東海道本線の物流に悪影響が出てしまったのだ。この状況は、１９６１（昭和36）年10月改正で、荷物電車が設定されるまで続いた。

近年まで続いた房総地区の新聞輸送

新聞輸送列車が運行される地域として有名だったのが、房総半島だ。地形が複雑な房総

JR化後も房総で新聞輸送に使われた113系電車。（写真：田舎者／ CC BY-SA 3.0）

半島は東京から近い割に道路事情が悪く、特に館山や安房鴨川といった内房・外房地域は列車による新聞輸送が欠かせなかった。

房総半島の新聞輸送列車は、両国駅から発車していた。当時、千葉から先の房総各線はまだ非電化で、キユニ11・キユニ19といった郵便荷物気動車や、キハ30系やキハ17系といった一般形気動車が使用されていた。

１９６６年頃の、房総地区の夕刊輸送を見てみよう。トラックによって、正午過ぎに両国駅地平ホームに運ばれて来た夕刊は、4両編成の気動車に積み込まれる。輸送される新聞は、朝日・読売・毎日の三大紙をはじめ、スポーツ新聞も含めた全9紙。曜日によっては、雑誌もこれに加わった。両国駅の小荷物係に各新聞社からの発送係も加わり、20分あまりで4両の気動車に夕刊の包みを積み込んで、13時前には新聞輸送専用列車35Dとして発車した。

専用荷物列車の運行は千葉駅までだ。ここで1両ずつに分割されて、総武本線銚子行き、成田線成田経由銚子行き、房総西線（現・内房線）館山経由安房鴨川行き、房総東線（現・外房線）勝浦経由安房鴨川行きの各普通列車に連結された。途中駅での継送も行われ、小湊鉄道や久留里線、木原線（現・いすみ鉄道）、東金線、成田線成田〜我孫子間の各駅にも輸送されたのである。なお朝刊も外房・内房地区向けに新聞輸送列車が運行され、こちらは午前２時台に積込み作業を行って３時に発車。安房鴨川駅には朝７時半頃に到着していた。

房総地域の新聞輸送列車は、その後も長年にわたって房総半島に新聞を運び続けた。１９７４年の総武本線・成田線電化完成後は東海道本線から転出した荷物電車クモユニ74形に置き換えられ、国鉄荷物輸送が原則として全廃された１９８６（昭和61）年11月改正でも外房・内房系統が暫定的に存続する。車両は長岡運転所から来たクモユニ１４３形が１９９６（平成８）年まで使用され、さらに１１３系８両編成となって実に２０１０（平成22）年３月まで走り続けた。

新聞輸送は、令和の今も各地に存続している。首都圏では上野〜高崎・宇都宮間で昼過ぎの上野東京ラインの電車で車両の一部を締め切って夕刊を輸送しているほか、ＪＲ東海の飯田線や身延線、御殿場線、名古屋鉄道名鉄名古屋駅などでも新聞輸送を行っている。

宅配便に対抗した鉄道宅配便

１９７０年代、チッキ（手荷物）は旅のスタイルの変化とともに取扱量が減少していたが、小荷物は経済成長とともに増加傾向にあった。ピークは１９７４年度で、年間７６５２万個の発送を記録している。しかし、ここから第一次オイルショックによる経済低迷と、国鉄のストライキや相次ぐ運賃値上げ、宅配便の普及といった事情が重なり、国鉄小荷物の取扱量は坂道を転がり落ちるように減少していく。１９８０（昭和55）年度の小荷物発送個数は３９５０万個で、７年で半減した。

　低迷する小荷物を立て直すには、宅配便に対抗する必要があった。そこで国鉄は、それまで荷物の引き受けや仕訳、積卸作業などを行っていた鉄道荷物会社に集荷を行えるよう通運事業者の免許を取得してもらい、１９８２（昭和57）年２月から全国の主要１３３駅で集荷サービスを開始した。

　荷物列車による輸送も、途中駅での中継をできるだけなくし、東京～九州間でも１本の列車で目的地まで届くようにした。中継があると、中継駅で荷物が滞る場合があり、いつ届くかがわからなくなる原因となっていたからだ。

　時刻表に掲載されている急行荷物列車や寝台特急を指定する、列車指定輸送サービスも始まった。急行荷物列車は１個あたりプラス１００円と手軽に指定でき、寝台特急は小荷物運賃が倍額となるものの、早く・確実に輸送できるサービスだった。特に後者は、「ブルートレイン便」としてＪＲ発足後まで存続することになる。

　昭和50年代に入ってようやく集荷サービスが導入された国鉄小荷物は、「鉄道宅配便」

と名づけられて大々的にＰＲされた。しかし、「小荷物運賃＋集荷料金＋配達料金＋列車指定料金」という四階建ての料金はわかりにくく、民間の宅配便よりも総じて割高だった。「1回の申し込みにつき5個までは重さを合計して運賃を計算するので、一度にたくさん送ると割安」という利点はあったが、一度に複数の荷物を送る人は少なく、宅配便に対抗できる商品とはならなかった。

同年5月1日、国鉄は宅配鉄道便の新商品として、「鉄道宅配便Q」を発売した。これは、宅配便と同様集荷から配達までがセットになったサービスで、1個20kgまでの荷物を、電話1本で送ることができた。「Q」は、「Ｑｕｉｃｋ」「ＨｉｇｈＱｕａｌｉｔｙ」の「Q」で、当時旅客向けに人気だった割引特急乗車券「Qきっぷ」にあやかったネーミングだった。広告にはイメージキャラクターとして藤子不二雄の漫画「オバケのQ太郎」が起用され、国鉄らしからぬソフトイメージで売り出された。

だが、「鉄道宅配便Q」は、送り先が都道府県庁所在地を中心とした全国51都市に限られ、大阪～札幌間のような長距離は対象外だった。申し込みも全国１５２の駅に個別に申し込まなくてはならず、宅配便並みの利便性を獲得したとは言い難かった。発着地の制限は、集荷を担当する鉄道荷物会社や配達を請け負う通運事業者との連携が不完全だったためで、集配作業を別会社に委託しなくてはならない鉄道荷物輸送の弱点が表れた形だった。料金も、東京から福岡へ20kgの荷物を送った場合、当時の宅配便が１２００円だったのに対し

１４５０円と、割高だった。

結局、「宅配鉄道便Ｑ」も起死回生の一手とはならず、手荷物の取扱量は激減の一途を辿った。

一方で、ヒット商品も生まれた。１９８１（昭和56）年8月からサービスを開始した新幹線荷物輸送サービス「レールゴー・サービス」だ。これは、東海道新幹線東京〜新大阪間の「こだま」12往復を利用する輸送サービスだ。ジュラルミンケースに入る程度の書類や小物類を、列車を指定して送ることができ、集配サービスはないものの日中の列車を利用すれば当日中に東京駅または新大阪駅で荷物を引き渡すことができた。インターネットが存在しない時代、東京大阪間でその日のうちに書類を送れるサービスはなく、ビジネスユースを中心に人気を集めた。同年11月には取扱区間を東京〜博多間に拡大し、１９８６（昭和61）年11月にはバイクによる即時集配サービスをつけた「ひかり直行便」も発売された。

こうしたスマッシュヒットはあったものの、国鉄荷物輸送全体は絶望的な状況だった。１９８３（昭和58）年8月、国鉄改革を検討する日本国有鉄道再建監理委員会は、政府に提出した提言の中で、荷物輸送について「段階的に規模を縮小し、（中略）荷物営業そのものは昭和62（１９８７年）年度までに廃止すべきである」と勧告した。

これを受けて、荷物輸送に関連する鉄道荷物会社12社は検討を重ね、荷物専用列車を廃止してコンテナ輸送とトラック輸送に転換することを容認。１９８６年11月、国鉄最後のダイヤ改正で、荷物専用列車と旅客列車併結荷物列車は全廃され、コンテナ列車による貨物輸送に転換。「チッキ」の愛称で親しまれた手荷物制度も廃止され、明治以来の鉄道荷物輸送の歴史に事実上終止符を打った。残ったのは、「レールゴーサービス」と「ブルートレイン便」、そしていくつかの新聞輸送だけだった。

「走る郵便局」として親しまれた鉄道郵便輸送

　荷物輸送と並び、国鉄が旅客サービス扱いで運んだのが郵便だ。鉄道による郵便輸送は、新橋～横浜間に鉄道が正式開業するよりも前、１８７２（明治５）年に品川～横浜間で仮開業した時から行われていた。

　郵便事業は、鉄道と同様国営事業であり、また鉄道は日本が近代化していく過程で最初に全国ネットワークが整備された輸送手段だ。郵便物が鉄道で輸送されるようになるのは、ごく自然な流れだった。それも、大量輸送はできてもスピードの遅い貨物ではなく、１分１秒を争う旅客列車で運ばれたのである。以来、高速道路網が整備され国鉄輸送が国民の信頼を失う１９７０年代まで、長距離郵便は小包を含めて鉄道による輸送が主流を占めた。

鉄道による郵便輸送は、原則として専用の郵便車、あるいは荷物車、普通座席車と合造の車両を旅客列車に連結して行った。輸送方法にはいくつかの種類があった。鉄道開業の頃から行われたのが、「護送便」だ。物々しい名前だが、これは封をした郵袋（郵便物の入った袋）を郵便荷物車に積み込み、不正に開封されたり紛失したりすることがないよう、郵便局員である鉄道郵便職員が監視しながら輸送、つまり護送するもの。車内で郵便物に触れることはなく、目的地で現地の郵便局員に引き渡して輸送完了となる。

ところが、明治時代半ばになって郵便事業が全国に広まると、護送便だけでは業務が追いつかなくなってきた。各郵便局で、激増する郵便物の送り先を区分するには大変な労力と時間が必要だったうえ、送り先によって郵便物の量にばらつきがあり、鉄道車両を効率的に使用することができなくなってきたからだ。

そこで１８９２（明治25）年から、郵便局では方面別に大まかな区分だけしておき、細かい区分は走行する鉄道車両の中で行う方式が導入された。車内で郵便物を取り扱うので「取扱便」、または「扱い便」と呼ばれて国鉄末期まで90年あまりにわたって鉄道郵便の主流を占めた。チッキ（手荷物）が、乗客の移動に間に合うよう走行中の車内で仕訳を行ったのと同じ流れといえる。区分や仕訳を人力でやるしかなかった時代、人間が扱える程度の小規模な物品は、走る列車の中で行先を整理するのがいちばん効率的だった。

取扱便が登場してからは、護送便は大都市間のように輸送力が必要な区間で利用された。

区分けのための設備が不要なので車両の積載能力を最大限使用できる利点があった。

護送便を省力化したのが「締切便」だ。これは監視する係員が乗務せず、施錠して輸送する方式である。車内の積載場所があらかじめ行先別に決められていたので、車両の積載能力を最大限に活かすことはできなかったが、年末など郵便の繁忙期に郵便車を増結した時などに使用された。

１９６０年代後半に入ると、国鉄荷物にパレット輸送が導入されたが、鉄道郵便においても同様のパレット輸送が実施された。１９７１（昭和46）年、スニ40形の郵便車版であるスユ44形が製造され、東京～門司間でキャスター付きの金網ケースに郵袋を入れて輸送する「パレット締切便」が登場した。パレット締切便は取扱便や護送便とともに使用され、主要駅でのみ積み卸しが行われた。

郵袋を一つの小包と見なして国鉄貨物の小荷物として輸送したり、民間の運送業者に委託したりする輸送が「託送便」だ。地方の閑散路線では郵便物も少なく、小さな郵袋一つで事足りてしまうケースも多かったから、郵袋を厳重に封印したうえで、一般の小荷物として運んだのである。このほか、貨車１両に郵袋を載せて車扱貨物として輸送する「貨車締切便」や、コンテナに郵袋を搭載する「コンテナ締切便」もあった。

全国に設定された「鉄道郵便線路」

郵便の世界では、集配局を結び郵便物を輸送するルートのことを「郵便線路」といい、中でも鉄道を利用して輸送するルートを「鉄道郵便線路」といった。鉄道郵便線路はほぼ全国の国鉄路線をカバーし、東京〜門司間は「東門（とうもん）線」、大阪〜青森間は「阪青（はんせい）線」といったように、国鉄の路線名とは別の名称が使用されていた。

鉄道郵便輸送を担当した郵便局が、鉄道郵便局だ。戦後は東京・名古屋・大阪・札幌・旭川・青森・仙台・新潟・長野・金沢・米子・広島・高松・熊本の14都市に設置され、このほか帯広から鹿児島まで28カ所の鉄道郵便局分局があった。

たとえば、東京鉄道郵便局は、東京駅前の東京中央郵便局内にあり、東京駅のホームとは地下で結ばれて小型電動運搬車が郵便物を搬送した。東京中央郵便局は今も東京駅丸ノ内南口駅前にあるが、この立地は鉄道郵便車が原則として列車の大阪方先頭に連結されたことに合わせたものだ。地方でも、駅前の線路沿いに中央郵便局がある都市が多く、これは鉄道郵便輸送との連携を考慮した立地だ。

鉄道郵便車の仕組み

鉄道郵便車には、客車・電車・気動車があったが、明治以来の主力はやはり客車だった。東門線のような幹線では、1両すべてが郵便施設である全車郵便車を使い、郵便量が少ない地方路線では、荷物車や座席車との合造車を使用した。

鉄道郵便車の大きな特徴が、国鉄職員ではなく鉄道郵便局に所属する郵政職員が乗務したことだ。1両に乗務する職員は2~10人で、責任者を「便長」、各業務の担当者を「担務者」といった。たとえば、駅での郵袋の受け渡しに責任をもつ職員は「受渡担務者」といい、普通郵便の区分け作業を行う職員は「区分担務者」と呼ばれた。

郵便局員を乗せた郵便車は、一般の急行列車や荷物列車に連結され、鉄道郵便線路に従って全国をまわった。だが、郵便車は他の車両から独立した存在だった。郵便は法律で「信書の秘密」が保護されている。郵便物やその内容が外部に漏れることはあってはならない。そのため、郵政職員が郵便車を離れることはなく、車掌も緊急時を除いては郵便車に立ち入ることはできなかった。郵便・荷物合造車の場合でも、荷物室と郵便室の間の扉は施錠可能で、トイレだけが共用だった。

一口に「鉄道郵便車」といっても、使命や使用路線によって設備は大きく異なる。護送便や締切便だけを扱う車両なら、郵袋を置く場所さえ確保されればよいので、荷物車のようにガランとしていたが、取扱便を扱う車両には区分室が設けられていた。

区分室には、消印を押す押印台と、壁に向かって蚕棚のような区分棚がある。押印台は、

郵便車オユ10とその室内。区分棚の上に明かり取りの窓がある。戸は目的によって両開きと片開きがある。（左写真：永尾信幸／CC BY-SA 3.0、右写真：spaceaero2／CC BY 3.0）

消印を押す場所だ。郵便車に持ち込まれる郵便物は、大部分が集配局で消印を押されたものだったが、駅前のポストに投函された郵便物を直接引き受けたり、駅構内で乗客から郵便物を渡されたりした郵便物は、車内で消印を押した。郵便車で押される消印は鉄郵印と呼ばれて重宝され、旅先からの便りを鉄道郵便車の係員に渡すのを楽しみとしていた旅行者も多かった。

　消印の押された郵便物は、区分棚を使って送り先の集配局別に区分される。郵便車自体はさまざまな路線で使われるから、棚には何も書かれていない。係員は、どの棚がどこ宛てに使われるのかをすべて記憶し、1分間に１００通、1時間では６０００通を超えるスピードで郵便物を振り分け、5時間もあれば3万通の普通郵便物、１０００通の書留郵便物、１００個の郵便小包を区分した。

　郵便車の乗務は、過酷な仕事だった。郵便車には大型の側窓がない。日中、窓から日光が差し込めば、日向と日陰の明度差が大きくなり、郵便物の判読に問題が出る。そこで、郵便車には早い段階から明るさが均一な蛍光灯が装備された。窓は、区分棚上部に小さな窓が設けられたが、どんなに車内が暑くてもこれを開けることは許されない。風によって郵便物が舞いあがり、１通でも行方不明となれば、大問題となるからだ。夏の郵便車内は灼熱地獄ともいえる状況で、係員の汗で湿度が上昇し、郵便物の文字が滲むといった事態も発生した。

そこで、１９６０年代後半から鉄道郵便車には他の旅客車両に先駆けて冷房装置の導入が進められた。初めて導入されたのは、１９６５（昭和40）年製造のキユ25形気動車で、既存の郵便客車も１９７０年以降、順次冷房が装備されていった。このほか、紙の郵便物や郵袋からは相当な埃が発生することから、埃を吸い取り床下に排出する集塵器も装備されていた。

７日間４８００㎞を旅する鉄道郵便車「盛航21」

鉄道郵便車の運用の例として、１９７５（昭和50）年3月改正時の、青森運転所所属オユ11形郵便車の運用「盛航21」を見てみよう。大型の区分室を備えたオユ11形は、青森駅７時37分発の44列車に連結されて東北本線を南下する。この列車は隅田川行きの荷物列車だが、仙台までは旅客列車を兼ねていた。

未明の都内に入って3時05分に隅田川駅に到着した「盛航21」は、しばらく休んだ後、19時34分発急行荷物列車33列車で折り返す。3日目の朝に青森駅に到着すると、車両ごと青函連絡船7便に積み込まれて函館に渡った。

13時40分に函館駅に到着した郵便車は、急行「ニセコ2号」に連結されて倶知安・小樽経由で札幌へ。昭和40年代には、C62形蒸気機関車の重連が牽引した、歴史ある列車だ。札幌からは釧路行き夜行急行「狩勝4号」で4日目の6時15分に釧路に到着、すぐに根室行き混合４４１列車に付け替えられて、10時23分に根室駅に着いた。

オユ11の根室滞在時間はわずか1時間。11時30分発の混合４４４列車で折り返すと、釧路から夜行急行「狩勝3号」、函館行き急行「ニセコ1号」、青函連絡船4便、夜行急行「八甲田」とリレーして6日目の11時07分に上野駅に到着する。その晩、再び下り夜行急行「八甲田」に連結されるが、郡山で切り離されて滞泊、7日目の朝から仙台行き１５２３列車、青森行き５２５列車と継送されて22時31分に青森駅に帰ってくる。実に7日間、約４８００㎞もの長旅だった。

１９５０年代に全盛期を迎えた鉄道郵便は、全国の国鉄路線で旅客列車に併結されて運行された。だが、やがてここにも斜陽の影が忍び寄ってくる。昭和30年代、長距離旅客列車の電車化が進んで荷物専用列車が増えると、郵便車を連結できる列車が少なくなってきた。荷物列車には郵便車も連結されたが、郵便は川のように絶えず流れ続けるものだから輸送列車を集約することは難しい。高速道路網や航空路が整備されてくると、国鉄で運びきれない郵便物はトラックや航空機で輸送されるようになった。

加えて、郵政事業では国鉄よりも作業の自動化が進んでいた。１９６６年７月、定型郵便制度が導入されると郵便物の大きさ・重量が揃うようになり機械での処理がしやすくなった。１９６８年７月には郵便番号制度がスタート。郵便番号を読み取って自動的に区分する自動区分機が実用化され、１秒間に６通という高速区分が実現した。鉄道郵便車の車内で人力に頼った区分を行う必要が薄れ、「集配局で機械による区分→自動車や航空機で輸送」という流れが増えていった。

１９７０年代に入ると、やはり相次ぐ国鉄の労働争議と運賃値上げによって、鉄道郵便のメリットは失われていく。また、郵便輸送と切り離せない荷物輸送が、荷物専用列車を使用し貨物駅から発着するようになると、郵便車も貨物駅で受け渡しをする必要が出てきた。

１９７８（昭和53）年10月のダイヤ改正で、東京駅から発着する郵便車が全廃。１９８２年11月改正では郵便を受け渡す駅も旅客駅から貨物駅に移行し、同時にスピードアップと合理化を名目に停車駅も大幅に削減された。その結果、郵便は郵便車が発着する拠点駅や貨物駅までいちいち自動車で運ばなくてはならなくなり、極端に不便になってしまった。
こうして、郵政省は鉄道による郵便輸送に関心を失い、国鉄の貨物輸送が改革された１９８４（昭和59）年２月改正で郵便システムを大幅に変更。国鉄の都合に合わせなくても自由に郵便を輸送できる自動車輸送主体のシステムに変更した。車内で区分作業を行う取扱便は廃止され、大量の郵便需要がある路線に護送便だけが残った。東京〜大阪間のような、トラックでは運びきれないほどの郵便物がある区間だけが残ったのである。その護送便もダイヤ改正のたびに廃止され、１９８６年９月30日、ついに最後の護送便が廃止され、鉄道郵便輸送は１１４年の歴史の幕を閉じた。

ＪＲ貨物発足後の現在は、長距離輸送におけるトラックドライバーの不足や、温室効果ガス排出量削減の取り組みからコンテナによる郵便輸送が拡大しており、年間20万トン程度の郵便物が鉄道で輸送されている。

急行「きたぐに」に連結されていた郵便車。夜行急行は郵便車が連結されていることが多かった。（写真：Gohachiyasu1214　CC BY-SA 4.0）

第10章　1970年 国鉄貨物輸送で活躍していた主な車両たち

国鉄貨物輸送がピークを迎えていた1970（昭和45）年3月末の時点で、国鉄は4881両の機関車と228形式15万1699両の貨車を保有し、この他タンク車を中心に430形式1万7541両の私有貨車が運用されていた。その頃活躍していた代表的な機関車と貨車を紹介しよう。カッコ内は1970年3月時点の国鉄の保有両数。写真は現代のものと当時のものが混在している。

機関車　蒸気機関車

蒸気機関車を電気機関車やディーゼル機関車で置き換える動力近代化計画は、1960（昭和35）年度の開始から10年を迎えていたが、1970（昭和45）年3月の時点で未だに1893両の蒸気機関車が現役で使われていた。このうち、4割近い756両が貨物用のD51形で、最古参の9600形も支線・入換用の機関車として重宝されていた。

9600形

登場年：1913（大正2）年
製造数：770両（287両）

国産初の本格的な過熱式機関車だ。それまでの機関車では台枠の間にあった火室を、動輪の上に乗せることで火室の幅を拡大し、火格子面積（燃焼する面積）を広く取って引張力（走行するために出せる力）を強化した。極めて高性能を発揮したことから770両が生産され、国鉄を代表する貨物用機関車として活躍した。出力の割に軸重（動輪などそれぞれの車軸にかかる重量）が軽く、軌道が脆弱な地方路線でも使用できること、車軸が多くブレーキ管を接続しなくても高い制動力を発揮でき、入換や突放に適していたことなどから戦後も運炭路線や勾配路線で使用された。

1970（昭和45）年の時点では開発から60年近くが経過し老朽化が進んでいたが、軌道の規格が低いローカル線で使用できる高出力・高制動力の貨物用機関車が他になく、九州・北海道を中心に287両が健在だった。産炭地から操車場までの牽引や操車場構内での入換作業などが主な任務。

D51形

登場年：1936（昭和11）年
製造数：1115両（756両）

「デゴイチ」あるいは「デコイチ」の愛称で知られる、日本を代表する貨物用蒸気機関車だ。昭和初期、貨物輸送の増加に対して、大型貨物用機関車が不足していた。そこで、当時主力だったD50形をベースにボイラーを昇圧して引張力を増大。電気溶接による接合やボックス動輪の採用などによって軸重を軽減し、性能向上と軌道への負担軽減を両立した。この結果、高出力の割にさまざまな路線で使用できる傑作機関車と評価され、日本の機関車として最多の1115両が生産された。

1970（昭和45）年は半数以上の756両が健在で、全国で活躍を続けていた。このほか、貨物用機関車としては、ベースとなったD50形が3両、幹線用に出力を向上したD52形が10両、ローカル線向けにD50形の軸重を軽減したD60形が21両、同D51形から改造したD61形が6両現役だった。

（C56形写真：Hirosi Itô ／ CC BY 2.0）

C12形／C56形

登場年：1932（昭和7）年／1934（昭和9）年
製造数：282両（55両）／160両（35両）

「簡易線」と呼ばれた線路規格の低い路線向けの旅客貨物用機関車として登場したタンク式機関車だ。C12形は、同時期に登場した旅客用タンク機関車のC11形と比べて動輪上重量が約5トン軽く、軸重は10.9トンと11トンを下回るなど画期的な軽量機関車で、日中線、名松線、倉吉線といったローカル線で貨客混合列車などを牽引した。C 56形は比較的長距離を運行できるようC12形のテンダー版として開発された機関車で、標高の高い小海線を走る愛らしい姿から「高原のポニー」と呼ばれた。

1970（昭和45）年の時点では、C12形は55両が健在で明知線や足尾線、小浜線などで働き、C 56形は35両が小海線を中心に七尾線、山野線などで使用されていた。

機関車　直流電気機関車

戦後、日本の鉄道は、エネルギー効率に優れ、地上設備に莫大な資金が必要ながらトータルで輸送力と輸送速度を増強できる電化を推進する道を選択した。1950 年代に交流電化が実用化されるまで、電化は地上設備がシンプルで鉄道車両の駆動に適した直流で行われ、全線直流電化された東海道・山陽本線には 1960 年代から新性能機関車と呼ばれる高性能な直流電気機関車が投入されて蒸気機関車を置き換えていた。

（写真：VVVF ／ CC BY-SA 3.0）

EF15形

登場年：1947（昭和22）年
製造数：202両（188両）

戦後の輸送需要に対応するため、戦前の 1934（昭和 9）年から製造された EF10 形をベースに開発された貨物用直流電気機関車で、旅客用の EF58 形とは共通の基本設計をもつ。戦後まもなく電化区間の延伸が再開された東海道本線や上越線に投入され、復興期の貨物輸送の安定化に大きな役割を果たした。1949（昭和 24）年には、新たに直流電化された奥羽本線福島～米沢間にも投入された。その後、24 両が制動時に発電した電気を架線にもどす電力回生ブレーキを装備して EF16 形となり、急勾配区間が連続する奥羽本線と上越線で運用されたが、1967（昭和 42）年以降 10 両が EF15 形に戻った。

1970（昭和 45）年は EF65 形などの新性能電気機関車が続々と登場していた時期だが、直流電気機関車としては最多の 188 両が健在で、長岡、東新潟、高崎、新鶴見など各地の機関区・運転所に配置されて急行貨物列車や普通貨物列車に広く使用されていた。

EH10形

登場年：1954（昭和29）年
製造数：64両（64両）

2車体を連結し、出力2530kWという昭和20年代開発の機関車としては異例の高出力を誇った直流電気機関車だ。東海道本線稲沢～米原間の電化を前にした1954(昭和29)年、最大25‰の勾配が連続する垂井～関ケ原間を1200トン牽引できる機関車が必要となり、開発された。それまでの電気機関車が、引張力（車両を引っ張って走行する力）を作用させる巨大な台車枠の上に車体を載せていたのに対し、電車のように車体に2軸ボギー台車を取り付け、引張力は車体を介して伝える方式を採用した。1959（昭和34）年に登場したコンテナ特急「たから」も牽引した名機関車だ。

1970（昭和45）年は名古屋の稲沢機関区に17両、吹田第二機関区に47両が配置され、東海道本線の貨物列車に使用されていたが、同等かそれ以上のパワーをもち取り回しのよいEF65形などの台頭により、活躍の場を失いつつあった。

EF60形

登場年：1960（昭和35）年
製造数：143両（143両）

(写真：spaceaero2 ／ CC BY 3.0)

EH10形に代わる新性能電気機関車として登場した機関車で、1車体ながらEH10形並みの出力2340kWを実現し、2軸×3台車の6動軸で1200トンの牽引を可能とした。2次車からはMT52形主電動機を採用して出力を2550kWに向上、1963（昭和38）年から2年間は貨物列車だけでなく寝台特急も牽引した。

だが、引張力を重視したために高速走行が難しく、貨物列車高速化という時代の流れについていくことができず、比較的速度の遅い列車に充当されることが増えていく。1970（昭和45）年の時点では、沼津・浜松・米原・岡山・広島と東海道・山陽筋の機関区に全車が配置され、主に速度よりも輸送力を重視する貨物列車を牽引していた。その後、1980年代に入ると高崎機関区や八王子機関区に移って両毛線・中央本線などにも使用された。

EF65形

登場年：1965（昭和40）年
製造数：308両（172両）

（写真：永尾信幸／CC BY-SA 3.0）

EF60形の弱点を補うため、主電動機は引き続きMT52形を使用しつつ高速走行向けの歯車比とし、さらに加速時の抵抗値の切替を自動で行う自動進段式カム軸制御器を採用。高速性能と引張力の両立を図った機関車がEF65形だ。貨物用の0番代のほか、高速旅客用の500番代P形、高速貨物用で重連総括制御機能などを装備した500番代F形（写真）、貨客双方に使用でき重連運転時用の貫通扉を設けた1000番代PF形などがある。P形やPF形はブルートレインの牽引機としてもおなじみだ。

1970（昭和45）年は、0番代112両、500番代P形25両、500番代F形17両、1000番代PF形18両が在籍していた。0番代は首都圏から撤退して稲沢、吹田、岡山などに配置。500番代・1000番代は東京や新鶴見、下関などにいた。500番代P形は「あさかぜ」「さくら」などのブルートレインを牽引していたが、この頃はSLブームで、ブルトレはさほど注目されていなかった。

EF66形

登場年：1966（昭和41）年（EF90形）
製造数：89両（21両）

最高速度100km/hで走る高速貨物列車の登場に伴ってより出力の高い機関車が必要となり、1966（昭和41）年にEF90形が試作された。1時間定格出力はEF65形の2550kWに対して3900kWという高出力で、1000トンの貨車を牽引して平坦線で120km/h、10‰勾配では75km/hで走れることを目標に開発された。1968（昭和43）年からEF66形として量産され、「フレートライナー」をはじめとする東海道・山陽本線の高速貨物列車専用機関車として運用。後にブルートレインにも使用された。高性能ぶりが高く評価され、JR貨物発足後も改良型のEF66形100番代が1991（平成3）年まで製造された。

1970（昭和45）年は、元EF90形である901号機を含め21両が存在し、すべて下関運転所に配置されて鮮魚特急貨物列車「とびうお」や「フレートライナー」など最高速度100km/hの高速貨物列車に使用されていた。

機関車　交流電気機関車

地上設備のコストが低く、送電時のロスも少ない交流電化は1950年代に仙山線で実験が行われ実用化された。車両のコストは高くなるものの、電圧を変化させる制御方式には車軸の空転を防ぎやすい特性もあり、1960年代以降の国鉄の新規電化区間は多くが交流電化となった。交流機関車は、電気を変換する整流器の技術が発展途上にあり試行錯誤が続いたが、ED75形の登場により安定期を迎えていた。

ED70形

登場年：1957（昭和32）年
製造数：19両（19両）

仙山線でのED45形（後のED91形）による交流電化試験の成果を受けて、初めて量産された交流電気機関車。北陸本線田村〜敦賀間用として開発され、出力1500kWで、10‰の登り勾配で1000トンの列車を牽引できるよう設計された。しかし期待された性能は発揮できず、特に駆動装置の振動や交流電気を変換する整流器の故障に悩まされた。

1970（昭和45）年当時は、19両すべてが敦賀機関区に配置されて田村〜糸魚川間で使用されていたが、旅客列車や荷物列車の牽引が多かった。なお、19号機は50・60Hz両対応の試作車で、東北本線電化の際、試験運転を実施したことがある。

ED75形

登場年：1963（昭和38）年
製造数：302両（194両）

東北・常磐・鹿児島本線の電化延伸に伴い、それまでの経験と半導体技術の進化をもとに設計された、交流機関車の標準型車両だ。EF70形とED74形で評価の定まったシリコン整流器を採用。電気抵抗を切り替える際にも電流を連続的に制御して空転を抑える、磁気増幅器による連続制御方式を装備した。東日本の50Hz対応を基本とし、九州向け60Hz仕様の300番代、ブレーキ増圧装置を追加し特別急行貨物列車向けとした1000番代もある。

1970（昭和45）年の時点では194両が製造され、基本番代は青森・盛岡・長町・内郷（いわき）、300番代は門司、1000番代は青森の各機関区に配置されて、旅客列車・貨物列車双方に広く使用されていた。このほか、北海道仕様の試作機501号機が岩見沢第二機関区にいた。

（写真：spaceaero2 ／ CC BY 3.0）

ED76形

登場年：1965（昭和40）年
製造数：139両（50両）

ED75形をベースに、当初九州向けとして開発された機関車で、軌道が脆弱で軸重制限のある路線でも運用できるよう、車両中央に動力をもたない中間台車を設けて軸重を軽減した。9号機からは、中間台車の空気ばねの空気圧を調節して軸重を14トンから16.8トンまで変化させる軸重可変装置が強化され、幹線での使用にも対応している。1968（昭和43）年には、函館本線の電化に対応した北海道仕様の500番代も登場。1970（昭和45）年の時点では基本番代28両が九州の門司機関区と大分機関区に、500番代22両が岩見沢第二機関区に配置されて、旅客と貨物の双方に使用されていた。この年の後半には、ブレーキ増圧装置と電磁ブレーキ指令線を装備して100km/h運転に対応した1000番代も登場している。

機関車　交直流電気機関車

交流電化と直流電化双方の区間を走行できる機関車だ。最初に実用化されたEF30形は、本州・九州間の交直切替が門司駅の手前に置かれたために開発された車両だが、なるべく全国で車両種別を統一しランニングコストやサービスレベルを均質化する国鉄の「標準化」の思想と合致し、全国すべての電化区間で走れるEF81形が登場すると、万能標準型機関車として重宝された。

EF81形

登場年：1968（昭和43）年
製造数：164両（38両）

大阪から青森までを結ぶ日本海縦貫線は、電化方式が直流・交流60Hz・交流50Hzの3種類に分かれたことから、この全区間で運転可能な機関車として開発された。EF65形をベースに、交流に必要な主変圧器、主整流器、高圧機器などを搭載した出力2250～2370kWの機関車で、六つの車軸それぞれにMT52形主電動機を搭載している。主整流器をはじめ当時最新の小型機器が採用され、各部分を無接点化してメンテナンスの負担を低減したほか、耐寒・耐雪・耐塩害構造も採用したことから使用路線を選ばない万能機となり、後に東北・常磐線や関門トンネル用にも使用された。

1970（昭和45）年は新鋭機関車として1次車38両が登場した段階で、全車富山第二機関区に配置されて主に金沢～新潟間で使用された。この頃は新性能直流電気機関車も出揃い、交直流機関車の長距離運用は少なかった。EF81形が日本海縦貫線全体で運用されるようになるのは、1974（昭和49）年以降のことだ。

EF30形

登場年：1960（昭和35）年
製造数：22両（22両）

北九州地区が交流電化された際、門司駅の手前に交直セクション（切替地点）が置かれた。そのため、関門トンネルを通過する車両は交流・直流双方に対応する必要が生じ、開発された機関車がEF30形だ。海水による錆を防ぐためステンレス鋼の外板が使われた。交流・直流双方の機器を搭載することから軽量化に苦労し、台車1台に電動機を1台だけ搭載するモノモーター構造を採用。交流については、走行区間がごく短いことから定格450kW、最高速度35km/hと簡易的な仕様だった。

1970（昭和45）年は全車門司機関区に配置され、関門トンネルを通過する客車・貨物列車の牽引を一手に引き受けていた。同じく関門トンネル用のEF81形300番代はまだ登場していない（1973年製造）。

短期間でさまざまな方式が試行錯誤された交流電気機関車

1950年代から1980年代まで、国鉄は輸送量の比較的少ない路線を中心に、電気のロスが少なく地上設備が安価に済む交流電化の導入を進めた。交流電化は車両側で交流電気を直流電気に変換して主電動機を動かすため、車両の構造が複雑になる。ED70形の実用化後、国鉄はさまざまな機関車を製作して交流機関車のあり方を模索した。東北本線黒磯以北の交流電化に伴いED71形機関車を開発した際は、主変圧器の接点を切り替えるタップ切替器などについて、3種類の仕様を3両の試作車で試行。量産車には1号機の仕様（鍵盤型高圧タップ切替器とエキサイトロン整流器）が採用されたが、2号機の仕様（乾式変圧器と高圧タップ切替器）は北九州地区向けのED72形・ED73形に、3号機の仕様（丸型高圧タップ切替器）は北陸本線向けのEF70形（三菱車）とED74形に発展した。交流電気を直流電気に変換する整流器は、当初水銀式が使用されていたが、EF70形・ED74形で半導体を使用し大容量のシリコン整流器を初採用し、ED75形に継承された。ED70形の登場からED75形の登場までは6年ほどであり、この間に交流機関車の技術は急速に熟成された。

機関車	ディーゼル機関車

地上設備を整備することなく、車両を置き換えるだけで蒸気機関車からの動力近代化を達成できるディーゼル機関車は、国鉄の地方路線や貨物輸送において特に重宝された機関車だ。初期には、エンジンで発電した電気で主電動機を動かす電気式も存在したが、当時の技術では車体が重くなり引張力にも問題があったことから、粘りのある油の流れで動力を伝えて変速する液体式が主流となった。

(写真：永尾信幸／CC BY-SA 3.0)

DD13形

登場年：1958（昭和33）年
製造数：416両（409両）

貨物駅や操車場での入換作業用のディーゼル機関車だ。蒸気機関車による煤煙や騒音が問題となっていた貨物駅の入換作業を無煙化するために開発された。前後進を頻繁に行う入換作業を容易にするため、運転台を中央に設けた凸型の車体構造を初めて本格的に取り入れた。機関の出力向上や重連への対応、寒冷地仕様などさまざまなバリエーションがあり、1967（昭和42）年までに416両が製造された。営業列車を牽引することは少なかったが、静岡県の清水港線など短距離の路線や専用線で使用された例はあった。

1970（昭和45）年は全国約40の機関区に409両が配置され、貨物駅や操車場での入換作業に使用されていた。残る7両は製造後に標準軌に改造されて912形となり、東海道新幹線の事業用車両として使われていた。

DD51形

登場年：1962（昭和37）年
製造数：649両（269両）

大型のディーゼル機関車として1957（昭和32）年に実用化されたDF50形が重く、コストが高く出力も不足していたことから、軽量高出力で廉価な機関車として開発された。かき回した油の流動で動力を伝達する液体式を大型の機関車として初めて採用し、出力1000ps（後に1100psに変更）のエンジンを2基搭載。総出力2200psでC62形を上まわる高速性能とD51形を超える引張力を備え、全国の蒸気機関車を置換えた。動輪上の重量は60トンとDF50形より25トンも軽量化し、中央に動力のない台車を置くB-2-B軸配置とすることで軸重も軽減。線路に優しく安価で力持ちという万能機関車となった。もっとも、その後国鉄が試作した幹線向けディーゼル機関車はいずれもDD51形を超えることができず、令和まで長期にわたって使われることになる。

1970（昭和45）年の時点では269両が完成し、北は旭川から南は鳥栖まで、全国の機関区に配置されて旅客列車と貨物列車の双方で使用されていた。

DE10形／DE11形

登場年：1966（昭和41）年／1967（昭和42）年
製造数：708両（238両）／116両（65両）

蒸気機関車の置換えを進めるなか、DD13形の性能不足が指摘され、より出力が大きく、大型エンジン1基で入換作業のほか支線でも運用できる機関車が求められた。そこで開発されたのがDE10形だ。出力1250psのエンジンを1基搭載し、動輪を4動軸から5動軸に増やして軸重を軽減。軌道が脆弱な支線にも入線できるよう設計された。

DE11形はDE10形をもとにした入換専用機で、空転を防止するため死重（重し）を載せて軸重を増やしている。

1970（昭和45）年は、両形式ともDD51形と並ぶ国鉄標準型ディーゼル機関車として、全国の貨物駅や操車場で活躍していた。出力を1350psに向上した1000番代の製造が始まった時期で、貨客用のDE10形にはすでに5両が配備されていた。

貨車　有蓋車

箱状の車体をもつ貨車で、車体は基本的に鋼製、内部には木製の内張りがされている。車両単位で輸送する車扱輸送（28ページ）や小口混載貨物（106ページ）に使用され、工業製品から農作物、食品、紙類、原材料など、雨に濡れては困るあらゆるものを輸送した。

（写真：spaceaero2／CC BY 3.0）

ワラ1形

登場年：1962（昭和37）年（試作車）
製造数：1万7367両（1万7321両）
荷重：17トン
最高速度：75km/h
主な積荷：汎用品

輸送力を経済的に増強するため、標準的な15トン積貨車であるワム60000形（1961年登場）をベースに荷重の拡大を図った有蓋貨車。貨物列車の全長に影響する車体長さの増加は抑えつつ、車体断面の拡大と軽量化を徹底的に追及し軸重を限界値の13.2トンとした結果、二つの車軸で走行する2軸貨車としては初となる17トン積を実現した。車体構造はワム60000形とほぼ同じだったが、妻板に強度の高い耐候性高張力鋼板を使用して床は鋼板張り、内部の壁には合板（ベニヤ板）を使っている。最高速度は75km/hで輸送力列車を中心に全国で使用されたが、積載量が大きい一方、中央部しか開かないために荷役作業には多くの人手が必要で、荷役作業に時間と労力を要する弱点があった。

ワム80000形

登場年：1960（昭和35）年
製造数:2万6605両（1万6581両）
荷重：15トン
最高速度：75km/h
主な積荷：汎用品

ファンの間で「ワムハチ」の愛称で知られる15トン積有蓋車で、1982（昭和57）年までの22年間で2万6605両と、日本の鉄道車両として最も多数が製造された。昭和30年代、規格化されたパレットを使用して荷役作業を効率化するパレチゼーションの普及が始まったことに対応して開発された。側面全体が扉になっていてどの部分も開くことができ、パレットに載せた貨物をフォークリフトで積み卸しができる。輸送力列車や地域間急行貨物列車などに幅広く使用。鮮魚用、大型板ガラス用、ビール用など各種専用車も登場した。従来の貨車と区別するため茶系の「とび色2号」で塗装し、黒ばかりだった貨車のイメージを変えた貨車でもある。

(写真：永尾信幸／CC BY-SA 3.0)

ワキ10000形

登場年：1965（昭和40）年
（試作車）
製造数：191両（191両）
荷重：30トン
最高速度：100km/h
主な積荷：小口混載貨物

最高速度100km/hの高速貨物列車の登場に合わせて開発された30トン積有蓋車。コンテナ車のコキ10000形、冷蔵車のレサ10000形とともに「10000系高速貨車」と総称される。軽量化のため側面の扉には軽量アルミ合金が使用され、空気ばね付きボギー台車、応荷重装置付きの電磁自動空気ブレーキ、空気管付き密着式自動連結器といった当時の先端技術を投入して高速走行性能を実現。「山陽たから」（下関～汐留間）や「しらぬい」（熊本～梅田間）などの特急貨物列車に使用された。しかし1969（昭和44）年に「フレートライナー」の運行が始まると、ワキ10000形の主要な用途だった小口混載貨物（106ページ）もコンテナで輸送されるようになり、活躍の場が減少。1971（昭和46）年以降、59両が小荷物を収納するキャスター付きカゴのようなボックスパレットに対応する改造を受け、荷物輸送にも対応するワキ8000形となった。

ワキ5000形

登場年：1965（昭和40）年
製造数：1515両（1381両）
荷重：30トン
最高速度：85km/h
主な積荷：小口混載貨物・紙製品など

（写真：永尾信幸／CC BY-SA 3.0）

小口貨物輸送の近代化を図るために開発された、最高速度85km/h・30トン積の大型有蓋車。特急貨物列車用のワキ10000形とほぼ共通の車体に、85km/h走行用のボギー台車を装着したもので、揺れを抑えて高速走行が可能になると同時に、積荷の安全性が向上した。内部は着脱可能なパイプ仕切りによって4区画に分かれ、標準パレットを24枚積載できる。パイプを外せば一般的な有蓋車として使用でき、汎用性の高さから小口混載貨物（106ページ）のほか、紙輸送の急行貨物列車に多く使用された。

東京市場駅に入線中の鮮魚列車。（写真所蔵：物流博物館）

貨車	冷蔵車

鮮魚や冷凍製品など、低温を保持して輸送するための有蓋車。断熱材が使用され、ドライアイスや氷を積載して低温を保った。当時は九州や三陸地方で水揚げされた鮮魚類は鉄道で東京・大阪へ輸送するのが主流で、市場のセリに間に合うよう鮮魚特別急行貨物列車が最優先で運行された。

(写真：シャムネコ／CC BY-SA 4.0)

レサ10000形

登場年：1966（昭和41）年
製造数：137両（137両）
荷重：24トン
最高速度：100km/h
主な積荷：鮮魚類

10000系高速貨車の冷蔵車で、「とびうお」「ぎんりん」などの鮮魚特急貨物列車向け貨車として、鮮魚を輸送した。冷蔵車独特の白い車体が特徴だ。中央の保冷壁によって各12トン積の2室に分かれており、荷重によってブレーキの動作を変える応荷重装置も、前後の台車ごとに独立して作動していた。なお、国鉄時代の冷蔵車は冷蔵機構は備えておらず、断熱材とドライアイスによって低温を保っていた。後部が車掌室になっている16トン積のレムフ10000形があり、こちらは荷室が8トン積×2室となっていた。

(写真：永尾信幸／CC BY-SA 3.0)

レム5000形

登場年：1964（昭和39）年
製造数：1481両（1457両）
荷重：15トン
最高速度：75km/h
主な積荷：鮮魚類

昭和40年代の主力冷蔵車だ。それまで主力だったレム400形は、通常の有蓋車としても使用できる仕様としたため保冷能力が低く荷主の評判が悪かった。そこで、車体の鋼板に高耐候性鋼板を、断熱材にガラス綿を使用。保冷装置として氷タンクに代えてドライアイスを使用することで冷凍製品の長距離輸送も可能な高性能冷蔵車として登場した。保冷能力の劣る従来の冷蔵車と区別するため車体に青線を付けている。登場時には、八戸・石巻地区から東京市場・横浜市場へ直行する鮮魚急送品列車「さんりく」に使用され、その後鮮魚急行貨物列車「第2北たから」（新札幌～尻内～東京市場）をはじめ各地で使用された。

貨車	無蓋車

鉱石や砂利、木材、鉄製品など、雨に濡れても構わないものを輸送する屋根のない貨車が無蓋車だ。1960年代まではトラ45000形をはじめとする汎用貨車が一般的だったが、1970年代に入って、積荷に合わせて設計を特化させた物資別適合輸送向け無蓋車が増えていった。

トラ45000形

登場年：1960（昭和35）年
製造数：8184両（8155両）
荷重：15トン/17トン
最高速度：75km/h
主な積荷：鉱石・木材など

トラ55000形

登場年：1962（昭和37）年
製造数：3205両（3203両）
荷重：15トン/18トン
最高速度：75km/h
主な積荷：鉱石・木材など

トラ45000形は、75km/hで走行可能な2段リンク式吊りばね、軸距（前後の車軸の間隔）を4200mmと長く取り走行安定性を向上させるといった無蓋車のトレンドを取り入れ、軽量化と木材節約のため側面のあおり戸のみ木製として床板を鋼板製、妻板をプレス鋼板とした無蓋車。トラ55000形は、軸距を4300㎜とし側面のあおり戸も鋼板とした全鋼製無蓋車だ。床板が鋼板のため釘などを打つことができず、積荷を縛り付けるといった転動防止策が難しいことが弱点で、トラ45000形の一部の車両は1978年以降に木製床に更新する改造が行われた。

なお、両形式とも標準の荷重は15トン積だが、砕石や石炭などのばら積み貨物の場合は17トン(トラ45000形)または18トン(トラ55000形）まで積める仕様で、そのことを表す特殊表記符号をつけて、トラ45000形は「コトラ」、トラ55000形は「ストラ」と標記した。

トキ15000形／トキ25000形

登場年：1948（昭和23）年／1966（昭和41）年
製造数：5617両（3221両）／4500両（3615両）
荷　重：35トン／36トン　　最高速度：75km/h ／ 75km/h
主な積荷：鉱石・木材など

　ボギー台車を採用した大型無蓋車だ。戦後まもない時期に登場したトキ15000形は35トン積で、戦後復興の原材料を輸送するため大量に製造された。台枠には初めて溶接構造が採用され、当時貨車用として標準的だった鋳鋼製TR41台車を履いている。

　トキ25000形は、トキ15000形の後継無蓋車として開発された36トン積無蓋貨車で、トラ55000形と同様、耐久性向上や木材節約を目的に全鋼製とし、あおり戸と妻板はプレス鋼板を使用して軽量化を図った。台車はTR41をベースに、車軸の回転を支持する軸受として、保守が容易な密封形円すいころ軸受を採用したTR209を使用している。また、1967（昭和42）年以降に製造された車両は、床に埋木をして釘などを打てるようにした転動防止装置がある。トキ25000形の登場により余剰となったトキ15000形は、昭和40年代に始まった物資別適合輸送に合わせて鉄鋼製品やコイル鋼板などの専用貨車に改造されていった。

貨車	車運車

メーカーの工場から輸出港などへ、乗用車を運搬した貨車だ。1970年代の道路事情では、製造された乗用車をトレーラーで大量に輸送するのは難しく、鉄道の特性を大いに発揮できたが、オイルショックや国鉄運賃値上げ、そして相次ぐ国鉄の労働争議による輸送不安から衰退し、1996（平成8）年に全廃された。

ク5000形

登場年：1966（昭和41）年
製造数：932両（832両）
荷重：12トン
最高速度：85km/h
主な積荷：乗用車

（写真所蔵：物流博物館）

　12トン積、最高速度85km/hの自動車輸送専用貨車だ。当時のほとんどの国産乗用車を積載でき、軽自動車（当時は360cc）は12台、1000ccクラスは10台、1200～1900ccクラスは8台を、上下二段に積める構造をもっていた。積み卸しは、駅に設置された積み卸し台を利用するか、車端部に据え付けられた可動式の斜路を通じて自走して行った。1966（昭和41）年に東小金井～笠寺間で始まった試験輸送を経て本格的に実施され、1970（昭和45）年には全国に28本の自動車輸送専用急行貨物列車「アロー」号が運行された。1967（昭和42）年には、一般的な1500ccクラスのセダンを12台搭載できるク9100形が試作されたが、ク5000形が標準化されたため、量産には至らなかった。

貨車　ホッパ車

鉱石や穀物など粉粒状の物資を輸送する無蓋車の一種。無蓋型とタンク型があり、積み卸す際は荷室の下部が開いて重力によって流し出す。無蓋型はバラストや石灰を輸送する貨車が多く、タンク型は穀物などを輸送する車両が多い。

ホキ800形

登場年：1958（昭和33）年
製造数：1066両（973両）
荷重：30トン
最高速度：75km/h
主な積荷：軌道用バラスト

バラスト（砕石）を運び、線路周辺に散布する機能をもつホッパ車で、厳密には輸送用の貨車というよりは保線作業用の事業車両に近い。ホッパ車は、荷室の横断面がV状の形をしており、ゆっくり走りながら荷室の床が開き、バラストを散布する。ホキ800形は1957（昭和32）年に登場したホキ700形の改良形で、ホキ700形では軌道の左右一定方向にしか散布できなかったのが、ホキ800形は遠いところと近いところ、そしてレール間に散布できるようになった。また落下量はハンドルで調整できる。

1958（昭和33）年に登場したホキ800形はバラスト散布用のホッパ車として完成された仕様を備え、1967（昭和42）年には3両が標準軌対応に改造されて東海道新幹線の保線に使用された（1979年まで）。登場から60年以上が経過した現在でもＪＲ旅客会社や一部の私鉄で保線作業用に使用されている。

ホキ2200形

登場年：1966（昭和41）年
製造数：1160両（606両）
荷重：30トン
最高速度：85km/h
主な積荷：穀物類

（写真：100yen／CC BY-SA 3.0）

物資別適合輸送（137ページ）に対応するため、小麦やとうもろこし、こうりゃんといった、穀物など粉粒状の農作物を運搬する専用貨車として開発された30トン積のホッパ貨車だ。荷室を、車両横断面のサイズの規格である車両限界いっぱいまで拡大した卵形断面で、固定の仕切りによって前後二つの区画に分かれている。各区画にはそれぞれ上部に2カ所の積込み口、下部に1カ所の落し口があり、荷役作業の負担が大幅に低減された。1970年頃は大豆や配合飼料なども輸送するようになった。

穀物用のホッパ車は、1963（昭和38）年から日本麦酒（現在のサッポロビール）が製造した麦芽輸送専用貨車ホキ6600形が草分けで、ホキ2200形も製造にあたってホキ6600形の運用実績を参考にしている。その後ホキ8300形（とうもろこし・こうりゃん）、ホキ9800形（麦芽）といった専用貨車が製造されたが、昭和50年代に入ると自動車輸送に移行していった。

貨車　コンテナ車

さまざまなものを格納し、トラックに直接積み替えて輸送するコンテナの専用貨車だ。鉄道と自動車それぞれの長所を活かす次世代の貨物輸送システムとして登場し、現在も鉄道貨物輸送の主流を占める。コンテナ車はトラックの規格に合わせて最適なサイズが模索され、1970年頃はまだ過渡期にあった。現代につながる仕様が固まるのは、1971（昭和46）年に登場したコキ50000形からだ。

コキ10000形

登場年：1966（昭和41）年
製造数：456両（456両）
荷重：34トン→28トン
最高速度：100km/h
主な積荷：5トンコンテナ

最高速度100km/hの特別急行貨物列車に対応した、10000系高速貨車のコンテナ車だ。標準型で85km/h対応のコキ5500形と基本的な車体構造は同じで、10ftコンテナ5個積みで設計されたが、空気ばねやアンチローリング装置を備えた高速ボギー台車TR203や、電磁自動空気ブレーキを装備している。通常のコンテナ車が赤茶色（赤3号）で塗装されたのに対し、コキ10000形はブルートレインの20系客車と同じ青15号で塗装された。1966（昭和41）年10月に運行を開始した高速特別急行貨物列車に投入。1969（昭和44）年からは運行を開始したフレートライナーの主要列車に使用されるなど、1970（昭和45）年時点では国鉄の新世代高速貨物輸送の象徴的存在だった。だが1971（昭和46）年になるとトラックの積載率に合わせて大型化したC20形12ftコンテナが登場、コキ10000形は積載間隔を調整してC20形を4個積載できるよう改造されたが、荷重は34トンから28トンとなり、積載効率でハンデを背負った。C20形の5個積載に対応し、最高速度95km/hで標準化されたコキ50000形が登場すると、主役の座を降りることになる。

コキ5500形

登場年：1965（昭和40）年
製造数：3146両（2823両）
荷重：34トン→28トン
最高速度：85km/h
主な積荷：5トンコンテナ

コンテナ特急「たから」の運行開始に合わせて登場した初の本格的コンテナ車、チキ5000形をベースに、車上でブレーキ操作を行えるようデッキを追加したコンテナ貨車。10ftの5トンコンテナ5個を搭載可能で、現在に至る鉄道コンテナ輸送の基本を確立した。登場時は、コンテナ車を表す記号がなかったため、レールや木材など長いものを運搬する長物車の「チ」を適用して「チキ5500形」と称したが、1965（昭和40）年の称号改正で「コ」が新設され「コキ5500形」となった。最高速度は85km/hで、「フレートライナー」をはじめとするコンテナ急行貨物列車に投入されて1960年代のコンテナ輸送を支えた。しかし、1971年になると大型化した12ftコンテナ（C20形）の普及が始まり、サイズの関係上3個しか積載できなくなった。その後緊締装置の位置が見直されて4個積みとなったが、積載効率の悪さはぬぐえず、標準コンテナ車として登場したコキ50000形に取って代わられた。

貨車　石炭車

石炭を輸送する貨車。構造は無蓋型のホッパ車とよく似ているが、日本の鉄道では石炭輸送が一つの大きなジャンルとなっていたため、ホッパ車とは別枠としている。石炭輸送は1960（昭和35）年度をピークに減少の一途をたどったため、60年代以降は新型車両が設計されなかった。

セキ3000形／セキ6000形

登場年：1951（昭和26）年／1968（昭和43）年
製造数：2730両（2047両）／1509両（639両）
荷重：30トン／30トン
最高速度：55km/h（積車時）／65km/h
主な積荷：石炭

石炭を輸送する貨車。車体断面がW形になっており、車端にある開閉ハンドルを回すと、両側の下部全体が開いて石炭を落とす仕組みだ。セキ3000形は、戦前に製造されたセキ1000形とほぼ同じ車体で台車を改良したものだったが、それでも空車時65km/h、石炭積載時は55km/hの低速でしか走れなかった。そこで、台車の枕ばねを柔らかいものに交換してレールへの追従性を改良し、石炭積載時にも65km/hで走行できるよう1970（昭和45）年までに改造されたのがセキ6000形だ。もっとも、国鉄は1950年代から貨車の高速化を進め、1968（昭和43）年にはほとんどの貨車が75km/h以上で走行できるようになっていた。これに対しセキ3000形と6000形は65km/h以下のままだったので、車体に最高速度65km/h以下を表す黄帯が入れられ、車体記号にも特殊標記符号「ロ」を加えて「ロセキ」と標記された。

貨車　車掌車

1986（昭和61）年まで、貨物列車にも原則として車掌が乗務しており、編成の最後尾の車掌車が連結されて運行中の安全監視や車両点検、障害時の列車防護対応などを行っていた。揺れが激しく乗務は過酷だったという。

ヨ5000形

登場年：1962（昭和37）年
製造数：不明（1132両）
最高速度：85km/h

1950（昭和25）年から量産され国鉄車掌車の主力となっていたヨ3500形の走り装置を2段リンク式として、85km/h運転を可能にした車両だ。1959（昭和34）年には、新たに運行が始まったコンテナ特急「たから」号にも連結された。車内には3人分の机と椅子、長椅子、ストーブが置かれている。また、長時間乗務となるにも関わらずトイレはなかった。1970年当時は、本形式と一回りコンパクトなヨ6000形が車掌車の8割で、ほとんどの貨物列車の最後尾にどちらかが連結されていた。なお、100km/h運転対応の車掌車は実用化されず、コキフ10000形かレムフ10000形が使用された。

貨車　タンク車

石油・ガソリンなど液体を輸送する貨車だ。タンク車はほとんどが石油会社などが所有する私有貨車で、1970 年時点で国鉄保有のタンク車 161 両に対し、私有タンク車は 1 万 5908 両に及んだ。ガソリンとそれ以外の石油など、積荷の比重によってタンクのサイズがカスタマイズされ、私有だけで 366 形式と多岐にわたったのも特徴だ。セメント、ホルマリン、濃硝酸など危険物を含めさまざまなものを運んだ。

タキ35000形

登場年：1966（昭和41）年
製造数：1108両（871両）
荷重：35トン
最高速度：75km/h
主な積荷：ガソリン

タキ45000形

登場年：1966（昭和41）年
製造数：589両（485両）
荷重：35トン
最高速度：75km/h
主な積荷：石油類

1970 年当時、ガソリンを運搬するタンク車は 1947（昭和 22）年に登場した 30 トン積のタキ 3000 形が最多勢力（1570 両）だったが、経済成長とともに積載量の増大と軽量化が図られるようになった。タンクの中央部を太くして車体長を伸ばさず容積を増やしたタキ 9900 形を経て、耐候性高張力鋼板を使いタンクの太さが連続的に変わる葉巻形異径胴を採用した 35 トン積のタキ 35000 形が登場した。このタンク車は、石油・ガソリンメーカーが共同開発したもので、中央のドーム部を初めてなくし、台枠を軽量化した車両で、標準タンク車として大量生産された。全車メーカーが保有する私有貨車だ。二つの形式はほぼ同一設計だが、タキ 35000 形はガソリン専用、タキ 45000 形はその他の石油製品用で、タキ 45000 形のほうが積荷の比重が大きくなるため容積は約 6.8㎥少なく、車体長も 1 mほど短い。

タキ43000形

登場年：1967（昭和42）年
製造数：819両（89両）
荷重：43トン
最高速度：75km/h
主な積荷：ガソリン

タキ44000形

登場年：1967（昭和42）年
製造数：170両（56両）
荷重：43・44トン
最高速度：75km/h
主な積荷：石油類

（写真：出々 吾壱／CC BY-SA 3.0）

台枠とタンクを一体化し、タンクの下にフレームがないフレームレス構造で軽量化を図り、葉巻形異径胴を限界まで大型化して43トン積を実現したタンク車だ。軸重が15トンと重いため幹線での使用に限定されたが、70年代前半の石油・ガソリン輸送を支える主力貨車となった。タキ43000形がガソリン用、タキ44000形が石油用で、ブルートレイン20系と同じ青15号に塗装されて目を引いた。1970（昭和45）年時点では、初期生産車としてタキ43000形が89両、タキ44000形は56両が在籍するだけだったが、その後量産が進んだ。万一オイル漏れが発生した時に引火しやすいとして、フレームレスタンク車の新製が禁止された時期もあったものの、1982（昭和57）年に生産を再開、1993（平成5）年まで生産されて現役だ。最高速度が85km/hという点を除けば、現在も十分な性能を備えている。

終章　その後の国鉄貨物とＪＲ貨物への移行

赤字の大きな要因となった貨物輸送

　１９７０年代以降、国鉄の財政状況は深刻さを増し、１９８０（昭和55）年には年間１兆円を超える巨額の赤字を出すようになった。

　国鉄の財政悪化には、政治的な問題などさまざまな要因があったが、営業面での問題は貨物だった。１９８０年度の貨物部門の収支は、収入３３００億円に対し固有経費は５４００億円。実に２１００億円もの赤字を計上していた。３年後の１９８３（昭和58）年には、収入が２５００億円にまで落ち込み、総輸送量は２７０億トンキロと、１９７０（昭和45）年度の６２４億トンキロから６割近くも減少していたのである。総輸送量は、戦後まもない１９４８（昭和23）年度と同レベルにまで後退していた。

　国鉄貨物が急速に凋落した原因は、国鉄内部の要因に限っても、複数ある。

　第一に、手間がかかり高コストとなる集結輸送方式（ヤード系輸送）から脱却できなかったことだ。１９８０年代初頭、国鉄貨物の営業赤字はすべてヤード系輸送から発生していた。コンテナ輸送など直行系輸送は年間２００億円程度の黒字を計上していたのだ（１９８１年度）。

集結輸送方式をやめて直行系に絞るべきという議論は１９５０年代から存在したが、実行に移すことはなかなかできなかった。高度経済成長による輸送力の増強に追われたうえ、公共事業体である国鉄には「国民の財産である現行システムの改善」という意識はあっても、「利益を出せる仕組みを構築しなくてはならない」という発想が乏しかった。国鉄は「既存の操車場システムの自動化と効率化」で乗り切ろうとしたが、システム自体が時代遅れとなっていたのだから、根本的な解決にはならなかった。

第二に、制度上鉄道事業に縛られたことも大きい。鉄道はレールが敷かれた場所しか走れない。レールが敷かれた区間は、小さな動力で大量の物品を高速に運ぶことができた反面、レールから少しでも離れた場所へは、他の輸送手段を用意する必要があった。自動車技術が発達すれば、自動車と鉄道を適材適所で活用するのが当然だったが、公共企業体として事業内容を制限された国鉄は、その当たり前のことが難しかった。輸送量の大きい特定品目の中継基地を整備するだけでも、内閣を動かして日本国有鉄道法と同法施行令を改めなくてはならず、刻々と変化する物流技術に対応することができなかった。

スト権ストと大幅値上げで荷主が離れる

第三に、相次ぐ労働争議と運賃値上げによって利用者離れが進んだことも見逃せない。国鉄職員は、公務員ではないため労働組合の結成や団体交渉権は認められていたが、ストライキを実施する権利はなかった。一方で、40万人の職員を抱える国鉄の労組は国鉄労働組合を中心に巨大な組織となり、労働運動で大きな力を持つようになる。やがて１９６４（昭和39）年に国鉄が赤字に転落し合理化が進められると、労使対立が深刻化。違法ストライキや順法闘争（規則を厳密に遵守することで業務を遅滞させる行為）によってダイヤが乱れることは、日常茶飯事となっていた。

そうした中、公共企業体等労働組合協議会（公労協）による、国鉄をはじめとする公共企業体職員へのスト権付与を要求する「スト権スト」が、１９７５（昭和50）年11月26日から12月３日かけて実施された。８日間にわたり全国のほとんどの国鉄路線がストップしたが、政府は事前に全日本トラック協会へ協力を要請。生鮮食料品を中心にトラックによる代行輸送を実施した。その結果、物流は致命的な混乱を避けることに成功し、荷主は国鉄への不信と自動車輸送の対応力の高さを一度に体験する結果となった。

結局、公労協は何も得ることのないまま８日目の12月３日にストを中止。スト権ストをきっかけに鉄道から自動車に移行した荷主の大部分は、鉄道に戻ることはなかった。

スト権ストから約1年後の1976（昭和51）年11月、国鉄は平均5割に及ぶ大幅な運賃値上げに踏み切った。貨物運賃は58・6％、ほぼ6割値上げという大胆な運賃改定だった。しかも、貨物運賃は1974（昭和49）年10月にも25・4％の値上げを行っており、二度の運賃改定によって貨物運賃はほぼ2倍に跳ね上がった。

このような極端な値上げが行われた背景にも、公共企業体という国鉄の特殊な組織制度があった。国鉄の運賃は、発足以来、国有鉄道運賃法によって定められており、運賃値上げには国会で法改正をする必要があった。国鉄運賃は国民生活に直結することから政治闘争の手段に使われ、国鉄が運賃を改定したいと考えても、弾力的に実施することができなかったのだ。加えて、1970年代は高度経済成長とオイルショックによって物価が上昇。国鉄運賃は物価に対して安すぎる状態が続いていた。

1974年と1976年の運賃改定は、物価と国鉄運賃の乖離が進み、国鉄財政が抜き差しならない状況に追い込まれたタイミングで行われた。しかしそれでも国鉄の赤字は収まらない。1977（昭和52）年に、国有鉄道運賃法と日本国有鉄道法が改正されて、国鉄は国会の議決を経なくても、経費増加見込み額の範囲内であれば運輸大臣の認可で運賃を改定できるようになる。そして、これ以降、国鉄は1985（昭和60）年まで、1983（昭和58）年を除くほぼ毎年貨物運賃の引き上げを行った。こうした相次ぐ値上げは、輸送コストの上昇以上に荷主のさらなる国鉄不信を招き、旅客以上に国鉄離れと自動車輸送への移行を促す結果となった。

過去のシステムを断ち切る決断～昭和59年2月改正

１９８１（昭和56）年、国鉄は「経営改善計画」をスタートさせ、その中でようやく「採算性の悪いヤード系輸送（集結輸送方式）の見直し」に取り組むことになった。１９８２（昭和57）年11月ダイヤ改正では、実際にヤード系貨物列車が大幅に削減され、貨物取扱駅も１９７２（昭和47）年度の１８８９駅から８４８駅へ、５割以上削減された。

国鉄を地域ごとに分割し、民間企業として再生する分割民営化の議論が具体化したのもこの頃だ。同年9月、鈴木善幸内閣は、第二次臨時行政調査会の基本答申を受けて「国鉄改革の5年以内の実現」の推進を閣議決定。国鉄改革の具体的な内容を検討する国鉄再建監理委員会の設置に向けた法整備の準備に入った。この時期、一部の国鉄関係者や政府・自民党では、国鉄改革の議論の中で「国鉄貨物は全廃すべき」という議論さえ行われた。

１９８３年1月、国鉄は「新しい鉄道貨物営業について―拠点間直行輸送体制への転換―」と題する文書を発表し、ヤード系輸送の全廃と拠点間直行輸送への全面移行を表明する。追い詰められた国鉄は、ついに過去のシステムを自ら断ち切り、現状に即した輸送システムに全面転換することを決断したのである。

この方針のもとに、１９８４（昭和59）年2月1日のダイヤ改正で、ヤード系列車のほとんどが廃止され、全国１１０カ所の操車場と組成駅は一斉に機能を停止した。貨物駅は４６０駅に削減され、貨物輸送はコンテナ列車による拠点間直行列車と、石油輸送列車のような車扱専用貨物列車に限定。列車本数も、従来の半分以下となる１５３４本にまで縮減された。

全国一元の貨物鉄道会社へ移行

もっとも、拠点間直行列車に接続する解結貨物列車は、集配列車と名前を変えて存続したので、59カ所の組成駅（操車場を含む）は輸送基地と名前を変えて残された。

１９８５年7月、国鉄再建監理委員会は分割・民営化を前提とした最終意見を発表。その中で国鉄貨物は「経営を旅客部門から分離し、独立した事業体とする」とされた。旅客鉄道は地域密着が重要であり、地域ごとに分割した方が利便性が向上するとされたのに対し、貨物は長距離・大量定型輸送が得意なうえに地域ごとや季節ごとの輸送量の差が大きく、全国一元が適当であると判断された。

この答申を受けて、国鉄と運輸省は「新貨物鉄道のあり方」をまとめ、同年11月に監理委員会に報告・了承された。レールなどの基礎施設は原則として地域ごとの旅客会社が所有し、貨物新会社は第二種鉄道事業者として線路使用料を支払って列車を運行するというものだった。将来的には民間企業として関連事業の多角化を行い、鉄道貨物についてはコンテナ輸送とセメントなどの大量定型輸送に特化し直行化を徹底する。総合物流企業となった現代のＪＲ貨物に通じる基本的なコンセプトが定まった。

国鉄改革は、１９８６（昭和61）年７月の衆参ダブル選挙で自民党が圧勝すると流れが一層加速し、同年11月の国会で国鉄改革関連法が成立。同月、国鉄も分割民営化前最後となるダイヤ改正を実施し、貨物部門ではヤード系輸送の名残といえた集配列車が全廃され、列車本数は１日８４６本となった。そして、１９８７（昭和62）年４月１日、日本国有鉄道は38年の歴史を閉じ、ＪＲグループが発足した。

最盛期に１日５７０１本（１９６９年度）が運行された国鉄貨物列車は７分の１の数となったが、逆にいえば、鉄道本来の強みを発揮できる輸送だけに絞られた。民営化によって事業内容の制限はなくなり、運賃も自主的に、弾力的に設定できるようになった。もっとも、旅客鉄道会社が所有する線路の使用料や根本的な採算性など、まだまだ問題は山積みだった。それでも、鉄道貨物輸送は現在に至る復権の道をまずは歩み始めたのである。

JR化後も引き継がれた飯田線の石油輸送。国鉄時代の機関車と貨車で運用されていた。

物流博物館で学ぶ さまざまな貨物輸送

本書では、昭和40年代を中心とした鉄道の、それも国鉄の貨物輸送を概観したが、比較対象として船舶や自動車、航空機での貨物輸送にも少し触れている。物流は自動車以外は一つのモードで完結することはなく、相互に補い合い、社会を支えている。そうした物流の役割を、歴史とともに広く紹介しているのが、東京都港区にある物流博物館だ。

源流は１９５８（昭和33）年に日本通運本社内に設立された「通運史料室」で、現在は公益財団法人利用運送振興会が運営。展示やイベントは企業色を排し、物流全般について紹介している。収蔵資料は、文書約６０００点、美術工芸資料約１０００点、写真資料十数万点、映像資料約２００点に及ぶ。

本書のテーマでいえば、昭和中期の荷役や貨物のことから、コンテナ化、現代の宅配便やECサイトの物流センターのことまで学べ、豊富な映像資料も無料で閲覧できる。本書では細かく触れることができなかった、人力による荷役の個別の事例なども多くの展示がある。本書と併せて物流博物館を訪れれば、国鉄貨物輸送と物流の歴史をもっと深く理解できる。

2F　映像展示室・図書コーナー

取材時に展示されていた、「身体で運ぶ　－写真に見る人力運搬－」。人はいかなる方法でさまざまな荷物を運んできたかを解説。

物流に関する映像を希望に応じて随時上映するほか、展示や講座も開催。図書コーナーでは物流に関する図書を閲覧できる（要事前問い合せ）。

昔の道具を体験できるコーナー。実際の米俵は約65kg もあるが、それを約14.5kg で再現、担ぎ方とともに紹介している。

物流博物館

JR・京急品川駅から徒歩7分または都営浅草線高輪台駅から徒歩7分／東京都港区高輪4-7-15／電話03-3280-1616／毎週月曜日及び第4火曜日（祝日・休日の場合はその翌日）・祝日の翌日休／10時～17時（入館は16時30分まで）／高校生以上200円、65歳以上100円、中学生以下無料

1F　物流の展示室

明治8年頃、鉄道開業直後の新橋停車場の荷物積卸を再現した模型。模型人形の半纏には「マル通」マークが描かれる。

昭和30年代前半の新潟県の新発田駅の貨物上屋と荷役作業を再現した精巧な模型。関連映像を地下1階で閲覧できる。

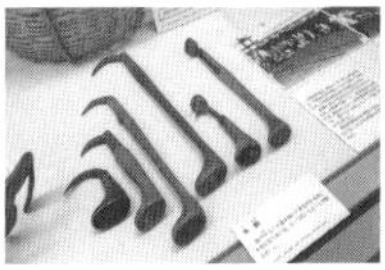

手作業での荷役に欠かせなかった手鉤(てかぎ)。これで俵や叺(かます)などワラを使った梱包や木箱を扱った。

内国通運のマークが入った印半纏や貨物関連の看板の実物、ワラでの各種梱包などが展示。

江戸時代の飛脚や中馬から鉄道黎明期を経て現代に至るまでの物流の歴史を、模型や資料で紹介。

B1F　現代の物流展示室

物流の役割や実際の動きを、輸送モードによる特性やデータとともにわかりやすく展示・解説している。

ガントリークレーンやストラドルキャリアが動き、コンテナ船の荷役を再現する。船舶の積載量の大きさを実感できる。

物流関係企業・団体の映像、物流に関する産業技術映画、物流博物館製作映像などを自由に視聴できる。

ゲームとクイズ、統計情報などを通じて物流の理解を深めるコーナー。

陸海空の物流ターミナルの1日を表現する大ジオラマ。貨物列車やトラックが走り、ガントリークレーンが動いてコンテナの荷役をする。また、映像資料もここで閲覧できる。

主な参考文献

貨物鉄道百三十年史（日本貨物鉄道）
30年のあゆみ（日本貨物鉄道）
国鉄線（交通協力会）
国有鉄道（交通協力会）
貨物情報（鉄道省運輸局）
運輸（運輸社）
貨物輸送試験成績 昭和7年度（鉄道省運輸局）
通運読本（通運業務研究会）
荷役と機械（荷役研究所）
運輸と経済（交通経済研究所）
運輸界（中央書院）
旬刊通運（交通出版社）
鉄道工場（レールウエー・システム・リサーチ）
国鉄貨物営業案内（日本国有鉄道貨物局）
運輸広報（運輸広報協会）
車輛工学（車輛工学社）
鉄道通信（鉄道通信会）
汎交通（日本交通協会）
ＪＲＥＡ（日本鉄道技術協会）
輸送情勢四季報（運輸調査局）
オーム（オーム社）
交通技術（交通協力会）
会計と監査（全国会計職員協会）
鉄道技術研究報告６７２ 区間輸送量による貨車集結方計算法
調査資料８３９ フレートライナー貨物輸送と通運との関係（運輸調査局）
調査資料８５０ 協同一貫輸送と通運の役割（運輸調査局）
調査資料８６０ 小口輸送貨物の合理化について―主として荷貨一元化を中心として（運輸調査局）
調査資料８６５ 大都市間を結ぶ商品貨物の輸送体制―雑貨の陸上輸送を主体として（運輸調査局）
フレートライナー利用案内（日本国有鉄道）
車両と電気（車両電気協会）
東工（日本国有鉄道第一東京工事局）
だいこう（日本国有鉄道大阪工事局）
信号保安（信号保安協会）
土木技術（土木技術社）
季刊輸送展望（日通総合研究所）
鉄道貨物の変遷（鉄道貨物近代史研究会）
日本の貨車―技術発達史―（貨車技術発達史編纂委員会／一般社団法人 日本鉄道車輌工業会）
復刻版昭和43年10月貨物時刻表（交通新聞社）
貨物時刻表（昭和45年～昭和59年）（日本国有鉄道貨物局）
国鉄監修交通公社の時刻表（日本交通公社）
鉄道ピクトリアル（電気車研究会）
鉄道ジャーナル（鉄道ジャーナル社）
鉄道ファン（交友社）
交通年鑑（昭和33年～昭和45年）（交通協力会）
鉄道百科事典（北田 勲／交友社）
日本の鉄道（朝日新聞社）
少年産業博物館14 日本の国鉄（山中忠雄／ポプラ社）
ポプラ社の写真図鑑9電車・客貨車（横山勝義／ポプラ社）
学習目でみる科学8 陸の交通（井上満寿蔵／講談社）
産業教育双書第11 鉄道（渡辺公平／岩崎書店）
流通百科（日本通運）
輸送革新（日通総合研究所）
荷造包装の改善（片山幸作／日本通運）
コンテナー輸送（片山幸作／成山堂書店）
国鉄フレートライナーの現状と将来計画（京浜外貿埠頭

参考文献

公団）
鉄道貨物運送ガイドブック（本丹金市／交通日本社）
通運事業運賃料金の計算実務80講（大坂 実／交通出版社）
通運事業の基礎知識（文野森正／交通出版社）
貨物運送法概説：特に鉄道運送を中心として（安田健蔵／交通日本社）
鉄道貨物運賃等級大全（日本国有鉄道）
車扱貨物運賃の計算方―例題による車扱運賃・料金計算の手ほどき（鉄道貨物運賃研究会／交通日本社）
貨物運賃と各種料金表 １９６８年版（交通日本社）
車扱貨物運賃早見表 昭和45年（日本国有鉄道貨物局）
車扱貨物運賃早見表 昭和55年（交通日本社）
鉄道車扱貨物運賃早見表 昭和57年（鉄道貨物運賃研究会／運輸図書）
国鉄コンテナ貨物運賃料金表：時刻表から運賃表まで（鉄道貨物運賃研究会／運輸図書）
鉄道による貨物輸送の変遷：操車場配線回顧（正・続）（太田幸夫／富士コンテム）
現代日本の交通経済（佐波宣平／東洋経済新報社）
日本の交通 その地域的考察（有末武夫／古今書院）
貨物運輸の近代化 物的流通の合理化を中心として（田中文信・井村明・羽田昇史／交通日本社）
乗り物 社会科ライブラリ（有末武夫／国土社）
国鉄は変わる（一条幸夫・石川達二郎／至誠堂）
国鉄の未来をひらく：きびしい現実をみつめて（一条幸夫／交通協力会）
列車ダイヤの話（阪田貞之／中央公論社）
国鉄―「日本最大の企業」の栄光と崩壊（石井幸孝／中央公論新社）
ＪＲ貨物の魅力を探る本（梅原 淳／河出書房新社）
貨物列車 機関車と貨車の分類と歴史がわかる本（高橋政士・松本正司／秀和システム）
鉄道貨物 再生、そして躍進（伊藤直彦／日本経済新聞出版社）
ストライキ消滅「スト権スト」とは何だったのか（大橋弘／風媒社）
戦後50年その時日本は 第5巻（ＮＨＫ取材班／ＮＨＫ出版）
国鉄まるまる活用法―現役国鉄マンが公開する旅のトクトク情報（佐藤民生／リヨン社）
ＲＭライブラリー 国鉄冷蔵車の歴史（上・下）（渡辺一策／ネコ・パブリッシング）
ＲＭライブラリー 国鉄コンテナのすべて（上・下）（吉岡心平／ネコ・パブリッシング）
59―2ダイヤ改正国鉄貨物列車大変革期（イカロス出版）
国鉄蒸気機関車史（髙木宏之／ネコ・パブリッシング）
機関車配置表'70（交友社）
電気機関車ガイドブック（杉田 肇／誠文堂新光社）
電気機関車ガイドブック 直流機編 新版（杉田 肇／誠文堂新光社）
電気機関車ガイドブック 交流機編 新版（杉田 肇／誠文堂新光社）
国鉄ディーゼル機関車ガイドブック（寺山巌／誠文堂新光社）
客車・貨車：ガイドブック（星晃・卯之木十三・森川克二／誠文堂新光社）
国鉄客車・貨車ガイドブック（卯之木十三・森川克二／誠文堂新光社）
国鉄客車・貨車ガイドブック 新版（岡田直昭・谷雅夫／誠文堂新光社）

著者

栗原 景（くりはら・かげり）

1971年東京生まれ。旅、鉄道、韓国を主なテーマとして活動するフォトライター、ジャーナリスト。学生時代から鉄道関連書籍の編集に携わり、出版社勤務を経て2001年からフリー。小学生だった1980年から全国の鉄道に乗車するなど国鉄を直接知る最後の世代で、書籍、雑誌、ウェブ、トークイベントなど幅広い分野で活動している。３年間の韓国留学経験があり、韓国語や韓国旅行関連の記事も手がける。主な著書に『アニメと鉄道ビジネス』（交通新聞社新書）、『東海道新幹線の不思議と謎』『東北新幹線沿線の不思議と謎』（いずれも実業之日本社）など。

装丁…吉田恵美（mewglass）
本文デザイン・DTP…株式会社千秋社
企画・編集…磯部祥行（実業之日本社）

国鉄《こくてつ》時代《じだい》の貨物列車《かもつれっしゃ》を知《し》ろう　昭和《しょうわ》40年代《ねんだい》の貨物輸送《かもつゆそう》

2023年7月18日　初版第１刷発行

著　者…………………栗原 景
発行者…………………岩野裕一
発行所…………………株式会社実業之日本社
〒107-0062
東京都港区南青山6-6-22 emergence 2
電話（編集）03-6809-0473
（販売）03-6809-0495
https://www.j-n.co.jp/
印刷・製本…………大日本印刷株式会社

ISBN978-4-408-65018-0（第二書籍）